Ravensburger Freizeit-Taschenbücher Band 176

Brita Olsson

Vom Vollkornlaib zum Knäckebrot

Mit 136 getesteten Rezepten

Otto Maier Verlag Ravensburg

Deutsche Erstausgabe
Die schwedische Originalausgabe erschien unter dem Titel »Baka Matbröd«
bei ICA Förlag, Stockholm (ISBN 91-534-0475-0)

Übersetzung: Dr. Günter Bergfeld
Umschlaggestaltung: Graphisches Atelier Otto Maier Verlag
Gesamtherstellung: Appl, Wemding
Printed in Germany

88 87 86 85 84 5 4 3 2 1

ISBN 3-473-43176-1

Inhalt

7 Brot

9 Zutaten

23 Kleine Backschule

39 Richtige Aufbewahrung

41 Brot aus Weizenmehl

73 Brot aus Grahammehl

85 Brot aus Roggenmehl

93 Brot aus feinem Roggenmehl

107 Brot aus Hafer

111 Brot aus Gerste

113 Mit Sauerteig backen

125 Brühteigbrot

123 Backpulverbrot

139 Mürbe Kekse

145 Hartbrot

153 Knuspriger Zwieback

157 Was habe ich falsch gemacht, wenn . . .

158 Rezeptregister

Brot

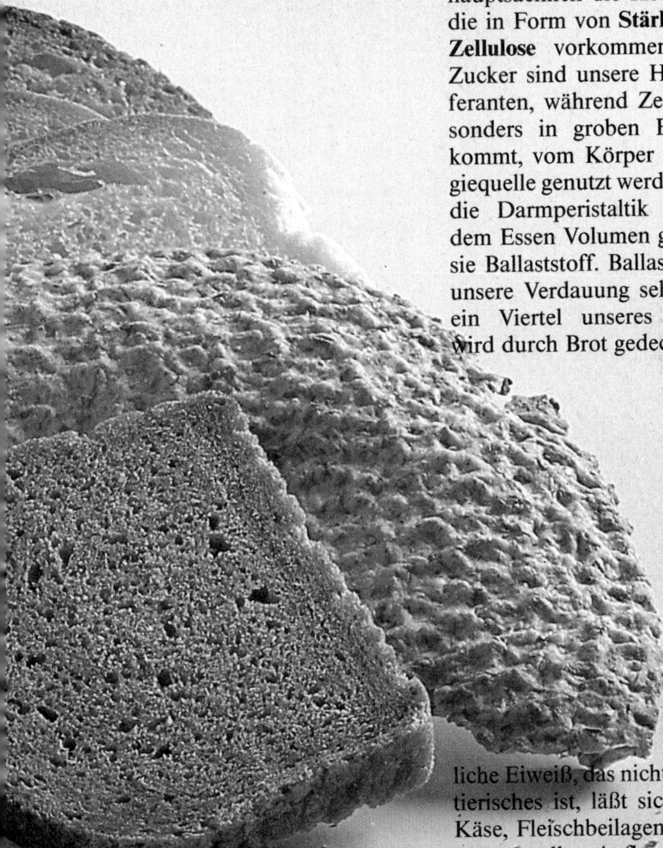

Seit alters her spielt Brot eine wichtige Rolle in unserer Ernährung.
Den Nährwert des Brotes machen hauptsächlich die Kohlehydrate aus, die in Form von **Stärke, Zucker** und **Zellulose** vorkommen. Stärke und Zucker sind unsere Hauptenergielieferanten, während Zellulose, die besonders in groben Brotsorten vorkommt, vom Körper nicht als Energiequelle genutzt werden kann. Da sie die Darmperistaltik stimuliert und dem Essen Volumen gibt, nennt man sie Ballaststoff. Ballaststoffe sind für unsere Verdauung sehr wichtig. Gut ein Viertel unseres Proteinbedarfs wird durch Brot gedeckt. Das pflanzliche Eiweiß, das nicht so wertvoll wie tierisches ist, läßt sich durch Milch, Käse, Fleischbeilagen oder ähnliches zu wertvollen Aufbaustoffen für den Körper ergänzen.
Brot enthält die Vitamine der B-Gruppe und Eisen. Vitamin B_1 (Thiamin), das hauptsächlich in der Kleie enthalten ist, gehört zu den wärmeempfindlichen Vitaminen und wird zu 25% beim Backen und auch beim Toasten zerstört.

Zutaten

Mehl

Mißglücktes Backen kann selten schlechtem Mehl angelastet werden, denn das heutige Mehl besitzt eine sehr gleichmäßige Qualität. Sein Hauptbestandteil ist Stärke. Es enthält aber auch Proteine, Vitamine, Mineralstoffe und etwas Fett. Besonders reich ist das Mehl an Vitamin B und an Eisen.

Das Getreidekorn besteht aus dem **Mehlkörper** (dem Mehlkern), dem **Keim** und der **Schale.** Zwischen dem Mehlkörper und der Schale liegt die sogenannte Aleuronschicht, die für unsere Ernährung besonders wichtig ist, weil sie Eiweiß und Fett enthält.

Aus dem Mehlkörper, d. h. dem innersten Teil des Kornes, gewinnt man das »feinste« Mehl. Dieses hat ein gutes Backvermögen, so daß das Brot aufgeht und groß wird. Dieses Mehl enthält aber kaum Eiweiß und Fett, weil die Aleuronschicht vor dem Mahlen entfernt wird. Ein Brot, das nur aus weißem Mehl gebacken wird, ist für unsere Ernährung deshalb nicht so wertvoll. Je mehr Keime und Schalen das Mehl enthält, desto höher ist die Ausmahlung. Solches Mehl ergibt ein schwereres, dunkleres Brot. Im Vollkornmehl sind Kern, Keim und Schalenteile enthalten. Dieses Mehl ist für unsere Ernährung am wertvollsten.

Die gebräuchlichsten Mehlsorten gibt es in verschiedener Ausmahlung, oder, wie man auch sagt, in verschiedenem Ausmahlungsgrad. Dieser gibt an, wie hoch der Anteil des gesamten Kornes im Mehl ist. Der Ausmahlungsgrad ist von großer Bedeutung für die Qualität des Brotes, für den Nährwert, die Konsistenz, den Geschmack usw. Beim Sieben des Mehls fällt ein Teil der Nährstoffe heraus und wird dann durch Anreicherungen ersetzt. Es gibt heute eine Reihe verschiedener, fertig zusammengestellter Sorten von **Brotmehlen,** bei denen Weizen und Roggen oder Weizen, Roggen, Gerste und Hafer usw. in gut zusammengestellten Verhältnissen gemischt sind (in Mühlen, Bioläden und Reformhäusern). Tauscht man bei den Rezepten die ungemischten Mehlsorten gegen diese Mehlmischungen aus, muß man, um das beste Ergebnis zu erzielen, die Anweisungen auf der Verpackung hinsichtlich Proportionen, Gehzeiten usw. beachten.

Wichtig für das Endergebnis ist auch der Feuchtigkeitsgehalt des Mehls. Dieser ist von dem Feuchtigkeitsgehalt der Umgebung abhängig. Mehl, das bei mehr als 20° und in trockener Luft aufbewahrt wird, trocknet weiter aus. Trockenes und leichtes Mehl bindet mehr Feuchtigkeit als ein feuchtes. In den Rezepten dieses Buches sind deshalb die Mehlmengen als ca.-Angaben gemacht, und zwar wird immer die Mindestmenge angegeben.

Buchweizen ist eine exotische Getreideart, die vor allem in Asien angebaut wird. Er ist als ganzes Korn, gequetscht oder als Mehl erhältlich. Da er kein Gluten (Kleber) enthält, ist Buchweizen für Brot nicht besonders gut geeignet. Kleine Mengen können jedoch Hefe- und Backpulverteigen beigemischt werden und ergeben ein luftiges Brot von beschränkter Haltbarkeit.

Sojamehl wird aus Sojabohnen, den Früchten einer alten, ostasiatischen Kulturpflanze, gewonnen. Sie gehört zu den Hülsenfrüchten. Sojamehl enthält hochwertiges Protein und läßt sich deshalb zur »Anreicherung« des anderen Mehls verwenden. Aus Sojamehl allein kann man aber kein Brot backen, doch können bis zu 10% der gesamten Mehlmenge durch Sojamehl ersetzt werden, ohne daß sich das Volumen des Brotes verändert. Zu viel Sojamehl kann im fertigen Brot einen bitteren Beigeschmack hervorrufen.

Vollkorn und Graupen

Die gebräuchlichsten Getreidearten, Weizen, Roggen, Gerste und Hafer, werden teils als ganze oder zerquetschte Körner, teils als Flocken benutzt. Sowohl ganze wie zerquetschte Körner und zerquetschte Graupen müssen 6 bis 8 Stunden in Wasser quellen, bevor sie in den Teig gemischt werden. Ganze Körner geraten am besten, wenn sie zuerst 10 bis 15 Minuten in Wasser gekocht werden, ehe man sie quellen läßt. Dampfpräparierte Graupen lassen sich direkt verwenden. Unbehandeltes Korn wird beim Backen steinhart und läßt sich kaum kauen.

Richtig messen

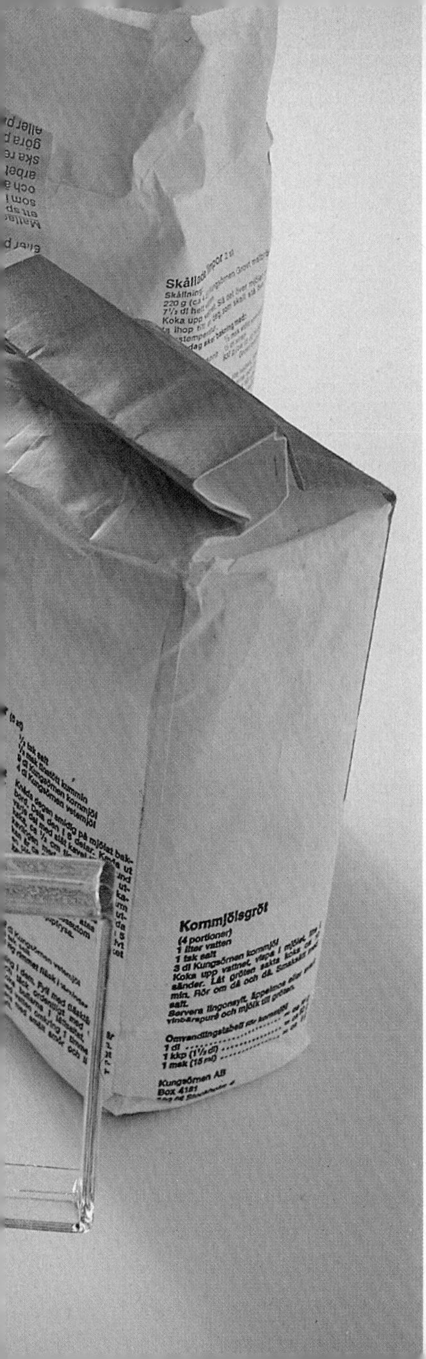

Es ist wichtig, beim Backen die richtigen Mengenverhältnisse der Zutaten einzuhalten, wobei Messen einfacher als Wiegen ist. Man sollte einen Meßbecher mit gut ablesbaren Markierungen benutzen und sorgfältig messen. Besonders wichtig ist es, daß **alle Maße gestrichen gemessen** werden.
Um ein mühsames Abwiegen oder Abmessen zu ersparen, sind viele Mengenangaben bei den Rezepten in TL, EL oder Tassen (1 Tasse entspricht etwa 200 ml) angegeben. Diese Zutaten sind im allgemeinen für die Beschaffenheit des Teiges nicht besonders wichtig, so daß man die Mengenangaben variieren kann und diese auch nicht ganz genau gemessen werden müssen.

Hefe

Hefe macht einen Teig porös und gibt ihm einen guten Geschmack. Sie besteht aus lebenden Pilzen, die durch chemische Prozesse Zucker in Kohlensäure vergären. Diese treiben den Teig und bewirken, daß er porös wird und aufgeht. Man gibt dem Teig immer die gesamte Hefemenge zu. Man sollte Hefe in der Verpackung im Kühlschrank bei 2 bis 4° aufbewahren. Sie hat immer einen Datumsstempel mit dem letzten Verbrauchsdatum. Bei uns gibt es 2 Arten von Hefe, frische Hefe und Trockenhefe. **Frische Hefe** sollte gelblichgrau und geschmeidig sein, aber auch trockene, bröckelige Hefe läßt sich noch verwenden. Die Hefe wird zerkrümelt und in handwarmer Flüssigkeit (37°) aufgelöst. Ist die Flüssigkeit zu warm, d. h. über 40°, werden die Hefepilze zu schwach oder gar zerstört. Ist man

hinsichtlich der Temperatur unsicher, sollte man sich angewöhnen, die Temperatur der Flüssigkeit mit einem Thermometer zu kontrollieren. Alle übrigen Zutaten, vor allem das Mehl, sollten Zimmertemperatur haben.
Kalte Flüssigkeit hat langsames und schlechtes Gehen zur Folge.
Trockenhefe ist zu Pulver getrocknete und in Tüten abgepackte frische Hefe. Eine Tüte reicht für 500 g Mehl. Sie hält sich 6 Monate und ist mit dem spätesten Verbrauchsdatum versehen. Geöffnete Packungen lassen sich gut verschlossen im Kühlschrank 2 bis 4 Wochen aufbewahren.
Um gute Ergebnisse zu erzielen, muß man sich an die Vorschriften auf der Verpackung halten. Die Hefe mischt man direkt in das Mehl und erhitzt die Flüssigkeit auf 45 bis 50°. Die richtige Temperatur kontrolliert man am besten mit Hilfe des Thermometers. Bei kalter Flüssigkeit läßt sich die Hefe nicht verwenden.
In der Regel reichen 50 g Hefe für ½ l Flüssigkeit aus. Wünscht man ein rasches Aufgehen, so kann man weitere 25 g zusetzen. Wer empfindlich ist, kann dann allerdings einen gewissen »Hefegeschmack« feststellen, vor allem bei weißem und ungewürztem Brot. Bei größeren Teigmengen und im Sommer kommt man in der Regel mit etwas weniger Hefe im Verhältnis zur Flüssigkeit aus. Zu schwerem Brot benötigt man mehr Hefe.
Bei den hier im Buch angeführten Rezepten wurde frische Hefe verwendet. Benutzt man Trockenhefe, *müssen* die Vorschriften auf der Verpackung beachtet werden.

Während der Teig geht

Während der Teig geht, wird er aufgelockert und bekommt ein größeres Volumen. Die Hefepilze wandeln den Zucker in Kohlensäuregas (Kohlendioxid) und Alkohol um. Die Kohlensäure bewirkt das Aufgehen des Brotes und macht es porös, und zwar bildet das im Mehl befindliche Gluten zähe Häutchen, die von den Kohlensäuregasen zu kleinen Ballons aufgeblasen werden. Der Alkohol bildet zusammen mit den anderen Teigsäuren sogenannte Ester (Brotaroma), durch die das Brot gut duftet und schmeckt.
Ist der Teig vollkommen ungezuckert, muß zuerst die Stärke des Mehles in Zucker umgewandelt werden. Wenn man etwas Zucker, der den Hefepilzen als Nahrung dient, zusetzt, kommt die Gärung etwas schneller in Gang. Dieser Zucker wird während des Gehens völlig verbraucht, so daß das fertige Brot nicht süß schmeckt. Große Zuckermengen beschleunigen allerdings die Gärung nicht, sondern haben eine entgegengesetzte Wirkung.
Am besten geraten diejenigen Teige, die zweimal gehen, d. h. vor und nach dem Ausformen. Brot, das nur einmal gegangen ist, hat nicht die gleiche, regelmäßige Porigkeit wie Brot, das zweimal gegangen ist. Darüber hinaus ist die Haltbarkeit geringer. Auch im Hinblick auf den Nährwert ist es vorteilhafter, wenn der Teig zweimal gegangen ist.
Wichtig beim Gehen ist die richtige Temperatur, sowohl die der Zutaten wie die der Umgebung. Bei frischer Hefe darf die Flüssigkeit nicht mehr

als 40° betragen, und auch die Temperatur der Umgebung darf nicht zu hoch sein, weil sonst die Hefepilze zerstört werden.
Besonders sorgfältig sollte man die Gehzeit beachten. Wenn man den Teig zu lange gehen läßt, verliert er seine Elastizität und sinkt zusammen. Für einen Weizenteig braucht man bei 30° ca. 1 Stunde zum Gehen. Ein gut gegangener, bearbeiteter Teig wird seine Größe verdoppelt haben, feinporig und gleichmäßig blasig sein. Sollte der Teig zu lange gegangen sein, kann man ihn noch einmal kneten; das fertige Brot wird aber meist etwas schwer und platt.

Flüssigkeit

Als Flüssigkeit verwendet man Milch (Vollmilch, Magermilch oder saure Milch), Wasser, Bier oder Würze. Die Flüssigkeit ist von großer Bedeutung für den Charakter des fertigen Brotes.
Milch gibt ein volles Brot mit weicher Kruste. Anstelle frischer Milch kann man auch Milchpulver und Wasser nehmen. Das trockene Milchpulver wird direkt in das Mehl gemischt, und das Wasser setzt man wie gewöhnlich als Flüssigkeit zu. Saure Milch verleiht dem Brot einen leicht säuerlichen Geschmack.
Wasser sollte man für Weißbrot mit knuspriger Kruste nehmen.
Bier gibt einen vollen, saftigen Geschmack.
Wichtig ist die Temperatur der Flüssigkeit. Ist sie zu hoch, werden die Hefepilze zerstört; zu kalte Flüssigkeit läßt die Hefe zu langsam arbeiten. Am besten geht die Hefe, wenn der Teig eine Temperatur zwischen 27 und 30° hat. Für frische Hefe sollte die Flüssigkeit eine Temperatur von 37° haben, schon 40° sind für die Hefepilze zuviel. Mit einem in die Flüssigkeit getauchten Finger kann man die Temperatur leicht kontrollieren. Sie sollte weder kühl noch warm empfunden werden. Die beste Kontrolle gibt natürlich ein Backthermometer.
Bei **Trockenhefe** muß die Flüssigkeit etwas wärmer sein, 40 bis 45°. Am besten richtet man sich nach den auf der Verpackung angegebenen Vorschriften.

Fett

Um ein gutes Brot zu erhalten, bedarf es keines Speisefettes. Deshalb enthalten viele Rezepte überhaupt kein Fett. Bei vielen Brotsorten hat es aber dennoch eine wichtige Funktion. Es dient vor allem dazu, das Brot saftig, haltbar und feinporig zu machen. Etwas Fett – ca. 100 g auf 1 l Flüssigkeit – macht den Teig elastisch und vermindert gleichzeitig die Gefahr, daß das Brot krümelig wird. Zu viel Fett macht das Brot schwer. Normalerweise nimmt man Margarine, doch läßt sich auch Öl gut verwenden, das man nicht erst im Topf zerlassen muß. 100 ml Öl entsprechen etwa 100 g Margarine oder Butter.

Hüttenkäse, d.h. frische Käsemasse, kann mitunter das Fett ersetzen. Abgesehen davon, daß er magerer als Fett ist, erhöht er den Proteingehalt des Brotes. Brot mit Hüttenkäse wird ebenfalls saftig, jedoch nicht so haltbar wie ein mit Speisefett gebackenes Brot.

Zucker, Sirup und Honig

Heutzutage verzichtet man weitgehend auf **Zucker** im Brot. Zucker und Sirup haben aber unter anderem die Aufgabe, das Brot saftiger und haltbarer zu machen. Bei bestimmten Brotsorten gibt Sirup dem Brot seinen speziellen Charakter, z. B. bei Schonischem Schwarzbrot, Sabinabrot u. a. Kleine Mengen von Zucker und Sirup ergeben noch kein süßes Brot, sondern dienen der Hefe als Nahrung, die dadurch einen »kleinen Anstoß« bekommt. Die Gärung kommt etwas rascher in Gang als ohne »Süßes«.

Sirup gibt es in 2 Sorten, hellen und dunklen. Er wird nicht nur aus Gründen des Geschmackes zugesetzt, sondern auch, um das Brot saftiger zu machen und das Aufgehen zu verbessern. Dunkler Sirup gibt einen etwas volleren Geschmack als heller und gibt dem Brot mehr Farbe. Um den Sirup abzumessen, kann man die Einteilung auf der Verpackung benutzen oder einen Meßbecher, den man vorher etwas anwärmt, damit der Sirup leichter herausfließt.

Honig wurde lange vor Zucker und Sirup zum Süßen benutzt. Beides läßt sich sehr gut durch Honig ersetzen, der dem Brot einen ganz besonders guten und saftigen Geschmack gibt. Man nimmt etwas weniger Honig als Zucker. Zähflüssiger Honig fließt leichter aus dem Meßbecher, wenn dieser etwas eingefettet wird, bevor man den Honig hineingibt.

Salz und Brotgewürze

Salz gibt Geschmack und verbessert die Backeigenschaften des Teiges. Er läßt sich leichter kneten. 2 TL Salz auf ½ l Flüssigkeit reichen für das fertige Brot aus.

Gewürze bieten die Möglichkeit zu vielen Variationen. Neben den häufigsten Gewürzen, **Anis, Fenchel** und **Kümmel,** kann man auch mit anderen Sorten, wie z. B. Koriander, experimentieren.

Alle ganzen Gewürze sollten im Mörser zerrieben und mit etwas Salz versetzt werden, damit der Geschmack besser hervortritt.

Ganze **Pomeranzenschalen** können auf dem Reibeisen gerieben oder weich gekocht und gehackt werden. Von den Schalen werden nur die dunklen Teile verwendet. Neuerdings gibt es auch geriebene Pomeranzenschalen zu kaufen. 1 TL entspricht 2 bis 3 Schalen.

Mohn und **Sesamsamen** werden über das Brot gestreut. Sesam ist proteinreich und enthält außerdem eine Reihe mehrfach ungesättigter Fette. Er kann auch gut in verschiedene Brotsorten gemischt werden.

Verschiedene Zusätze

Leinsamen ist relativ proteinreich. Außerdem hat er eine mild laxierende Wirkung, ist also gut für »verdauungsschwache Mägen«. Die Samen werden direkt in den Teig gemischt.

Kartoffeln verwendet man seit alters her in Brotteigen. Die gekochten, kalten und zerquetschten Kartoffeln werden einfach mit den übrigen Zutaten vermischt. Sie machen das Brot saftig.

Brennesseln, getrocknete wie tiefgefrorene, bieten einen wertvollen Zuschuß an Eisen, Mineralstoffen usw. im Brot.

Auch **Rosinen, Feigen** und **Pflaumen** sind reich an Eisen und Mineralstoffen. Außerdem geben sie einen guten Geschmack von Fruchtsäure.

Kleine Backschule

Backen macht Spaß! Lohnend und produktiv ist es außerdem. Frischgebackenes Brot schmeckt und duftet herrlich. Das Zu-Hause-Backen hat eine alte Tradition, wer aber zum ersten Mal backt, dem erscheint es ungewohnt und fremd.
Die kleine Backschule hier soll in Bild und Text zeigen, daß Backen überhaupt nicht schwer oder beschwerlich ist, wenn man nur die richtigen Handgriffe gelernt hat. Sie enthält viele Tips, die das Backen spielend leicht machen.

Den Teig von Hand zubereiten

Unter eine große, feste Teigschüssel legt man, wenn sie unten keinen Gummirand hat, ein feuchtes Tuch, damit sie nicht wegrutscht. Am besten eignen sich für feste Teige ein kräftiger Holz-Kochlöffel (evtl. mit Loch) mit rundem Schaft und die Hände.
Man stellt alle Zutaten bereit, die möglichst alle Zimmertemperatur haben sollten. Festes Fett läßt man bei schwacher Hitze in einem Topf flüssig werden.

Die auf 37° erhitzte Flüssigkeit (Wasser, Milch und dergleichen) gibt man sofort zu den Zutaten. Das flüssige Fett (Öl) wird erst anschließend zugesetzt.

Frische Hefe wird zerkrümelt oder zerteilt in die Schüssel gegeben (Trokkenhefe wird direkt in das Mehl gemischt, siehe S. 15). **Etwas** von der Flüssigkeit wird zugegossen und solange umgerührt, bis sich die Hefe aufgelöst hat. Dann werden der Rest der Flüssigkeit, Salz, Zucker oder Sirup, Gewürze und etwa ¾ des Mehls zugegeben.

Man beginnt mit dem groben Mehl. Nach und nach fügt man das restliche Mehl zu. Etwa 100 g des feinen Mehls (meist Weizenmehl) hebt man für das Ausformen auf.

Mit ruhigen, gleichmäßigen Bewegungen wird der Teig zäh, glänzend und geschmeidig gearbeitet. Er ist fertig, wenn er nicht mehr am Schüsselrand hängenbleibt, bzw. nach etwa 10 Minuten.

Während man knetet, saugt das Protein im Mehl die Flüssigkeit auf. Dadurch wird der Teig zäh und elastisch. Das Protein im Mehl, vor allem das Gluten, bildet ein Netzwerk von feinen Häutchen, zwischen denen sich kleine Blasen bilden, die sich während des Gehens mit Kohlensäure füllen (siehe S. 14).

Über den Teig streut man eine dünne Schicht Mehl, damit die Oberfläche nicht antrocknet. Das Ganze wird mit einem Tuch zugedeckt und der Teig etwa 20 Minuten an einen mäßig war-

men, zugfreien Ort gestellt und gehen gelassen, bis er ungefähr doppelt so groß geworden ist (siehe S. 15). Wenn man ihn in ein Warmhaltefach stellt, benötigt man kein Tuch. Die Wärme darf aber nicht zu hoch sein.
Danach knetet man den Teig noch einmal in der Teigschüssel durch und gibt ihn auf ein leicht bemehltes Backbrett. Ein vorher gut durchgearbeiteter Teig braucht auf dem Backbrett nur kurz geknetet zu werden. Der Rest des Mehls wird eingearbeitet. Der Teig ist fertig, wenn er glänzend und geschmeidig ist, seine Form behält und sich vom Backbrett lösen läßt.
Den fertigen Teig teilt man in Stücke und formt ihn zu Brötchen, Fladen, Laiben usw.

Den Teig mit der Maschine zubereiten

Brotteige mit Hilfe eines Knetapparates zuzubereiten, erleichtert die Arbeit und macht sie angenehmer. Man kann die Rezepte des Buches verwenden, muß allerdings die Mehlmenge etwas verringern.
Man stellt alle Zutaten rechtzeitig bereit, damit sie Zimmertemperatur bekommen. Es ist sehr wichtig, daß sie in Reichweite stehen, weil sonst die Gefahr besteht, daß der Teig in der Maschine zu lange geknetet wird. Das Brot wird dann zäh.
Die frische Hefe wird zerkrümelt in die Teigschüssel gegeben (Trockenhefe wird direkt in das Mehl gemischt, siehe S. 15) und etwas von der Flüssig-

keit zugegeben. Man läßt die Maschine auf der kleinsten Stufe laufen, bis sich die Hefe aufgelöst hat.
Jetzt fügt man die übrigen Zutaten zu: den Rest der Flüssigkeit, Salz, Zucker oder Sirup, Gewürze und fast alles Mehl. Man hebt nur ein **klein wenig** zum Ausformen auf.
Der Teig wird einige Minuten bearbeitet. Man darf ihn aber nicht zu stark kneten, weil sonst die Glutenfäden zerstört werden. Die Folge davon ist, daß der Teig unelastisch wird und schlecht geht. Er ist fertig, wenn er sich von dem Rand der Schüssel löst.
Man streut eine dünne Schicht Mehl über den Teig, damit die Oberfläche nicht austrocknet, und stellt ihn zugedeckt an einen warmen, zugfreien Platz. Dann läßt man den Teig gehen, bis er knapp doppelt so groß geworden ist, was etwa 20 Minuten dauert.
Es ist zwar nicht unbedingt erforderlich, den Teig in der Schüssel gehen zu lassen, aber ein ungegangener Teig braucht längere Zeit zum Ausformen, weil er beim Kneten leichter klebt. Oft muß man auch mehr Mehl als gewöhnlich zusetzen, und das Brot muß länger auf dem Backblech gehen.
Den gegangenen Teig gibt man auf das Backbrett. Er braucht jetzt kaum noch geknetet, eigentlich nur noch geformt zu werden.
Man teilt den Teig in Stücke und formt ihn zu Brötchen, Laiben usw. Diese werden auf die leicht eingefetteten bzw. mit Backpapier belegten Bleche gelegt oder in eingefettete Formen gegeben.
Das Brot läßt man dann an einem warmen, zugfreien Ort gehen und deckt es mit einem Tuch zu, wenn die Kruste nicht knusprig werden soll.

Zwei Ausformmöglichkeiten

Es gibt viele Möglichkeiten, das Formen von Kleingebäck rationell durchzuführen. Beide hier gezeigten Brötchensorten lassen sich auf 2 Arten ausformen. Dazu sollte der Teig in der Schüssel zur doppelten Größe gehen und dann mit dem übrigen Mehl auf dem Backbrett geknetet werden, bevor er geformt wird.

Einfache Brötchen 1: Der Teig wird in Stücke geteilt und zu kurzen, dicken Laiben geformt. Nachdem man diese etwas abgeplattet hat, läßt man sie einige Minuten ruhen. Dann schneidet man sie quer in schmale Stücke und legt diese mit der Schnittkante nach oben auf das Blech. Die fertigen Brötchen werden im Aussehen genauso wie **Variante 2:** Man formt den Teig mit der Hand zu runden, flachen Brötchen.

Hamburger-Brot 1: Der Teig wird zu länglichen Laiben geformt und in gleich große Stücke geteilt. Man macht flache, kleine Brötchen, die man auf das Blech legt und einige Minuten gehen läßt. Mit der Hand formt man sie dann zu entsprechend großen runden Hamburger-Brötchen aus.

Hamburger-Brot 2: Man rollt den Teig gleichmäßig 1½ bis 2 cm dick aus. Mit einer passenden Form sticht man die Hamburger-Böden aus. Auf die gleiche Art und Weise kann man auch Teekuchen machen.

Löchern und Einstechen

Broten kann man ein dekoratives Aussehen geben, indem man sie mit Löchern versieht. Dadurch wird auch verhindert, daß dünne Fladen blasig werden. Die Löcher werden mit einer Gabel vor dem Gehen gemacht. Zwischendurch taucht man die Gabel in Mehl ein.
Wenn man oft backt, lohnt sich die Anschaffung eines besonderen Gerätes – eines Brotstachels. Mit ihm erhält man feine, gleichmäßige Löcher.

Laibe backen

Laibe gehören zu den häufigsten Alltagsbroten. In der Regel formt man große, glatte, längliche oder runde Laibe.
Damit sie hoch werden, kann man es wie der Bäcker machen: Jeder Laib wird zu einem runden, flachen »Kloß« geformt, der ausgewalzt und dann zusammengerollt wird. Die Laibe werden mit dem Teigschluß nach unten auf das Blech gelegt.
Am praktischsten ist es, mehrere Laibe auf einmal zu backen. Damit sie hoch werden, legt man sie dicht aneinander auf das Blech. Damit man sie nach dem Backen leicht auseinanderbrechen kann, pinselt man sie da, wo sie aneinanderstoßen, mit flüssigem Fett oder mit Öl ein, bevor man sie gehen läßt.
Laibe, die eine weichere Kruste haben sollen, werden mit einem Tuch abgedeckt.
Man läßt die Laibe an einem warmen (ca. 30°), zugfreien Ort gehen. Wenn sie knapp doppelt so groß geworden sind, sind sie fertig. Man probiert folgendermaßen: Man drückt leicht auf die Seite des Laibes. Die entstandene kleine Vertiefung soll langsam wieder zurückgehen. Wenn das Brot zu lange gegangen ist, bleibt die Vertiefung. In diesem Fall muß man den Teig aufs neue kneten und ihn noch einmal gehen lassen.
Vor dem Einschieben sollten Brot und Brötchen mit kaltem Wasser bepinselt werden.

Richtig backen

Die heutigen Backöfen sind mit einem Thermostat ausgestattet. Allerdings sind diese nur selten ganz zuverlässig. Deshalb muß man seinen eigenen Backofen kennenlernen. Ist man sich hinsichtlich der Temperatur unsicher, kann ein Backthermometer, das man in jedem Kaufhaus oder Haushaltwarengeschäft kaufen kann, eine gute Hilfe sein.
Beim Backen sterben die Hefepilze ab, nachdem sie ihre Aufgabe erfüllt haben und die von ihnen gebildete Kohlensäure vergast. Das Protein im Brot wird beim Backen hart und bildet ein Skelett, das zum Gerüst des Brotes wird. Gleichzeitig gibt das Protein Wasser ab, welches die Stärke braucht, um zu verkleistern (siehe S. 125). Wenn die Verkleisterung beendet ist, ist das Brot fertig gebacken. Die Temperatur im Brot steigt nie über 100°, auch wenn man die Oberfläche höheren Temperaturen aussetzt.
Auf dem Boden des Backofens sollte eine flache Schüssel mit heißem Wasser stehen, wenn man ohne Formen bäckt.

Unterschiedliche Brotsorten erfordern verschiedene Temperaturen im Backofen und unterschiedliche Backzeiten. Ganz allgemein kann man sagen, daß kleinere Brote und Brötchen höhere Temperaturen brauchen, auf der mittleren Schiene in den Ofen gesetzt werden müssen und eine kurze Backzeit haben. Große Brote werden bei geringer Wärme unten eingeschoben und bleiben längere Zeit im Ofen. Grobes Roggenbrot braucht, um gut durchzubacken, eine niedrige Temperatur und lange Backzeit. Kleine Brötchen, Teekuchen, Hörnchen usw. werden am besten bei einer Hitze von 250 bis 275° gebacken.
Bevor man das Brot in den Ofen schiebt, muß dieser die volle Wärme haben. Das Backen sollte schnell vor sich gehen, deshalb wird am besten nur ein Blech auf einmal gebacken, außer im Heißluftofen. In diesem kann man mehrere Bleche auf einmal mit gleicher Qualität backen.
Laibe erfordern eine längere Backzeit und deshalb eine geringere Temperatur, 200 bis 225° sind ausreichend. Man schiebt das Blech auf die unterste Schiene. Wenn die Laibe eine knusprige, krosse Kruste bekommen sollen, werden sie kurz im heißen Ofen gebacken. Dann schaltet man die Backtemperatur niedriger.
Kastenbrote und schwere Roggenlaibe verlangen in der Regel eine sehr lange Backzeit. Um eine gleichmäßige Wärme, die das Brot gut durchdringt, zu gewährleisten, sollten sie im Ofen so weit unten wie möglich gebacken werden. Dieses gilt vor allem für Kastenbrote, weil die Formen einen Teil der Wärme abhalten.

Husqvarna

Das Brot ist gebacken

Fertiggebackenes Brot ist leicht. Die Kanten müssen fest sein. Klopft man leicht auf die Unterseite, soll es dumpf und etwas hohl klingen. Man sollte nicht mit einem Hölzchen feststellen wollen, ob das Brot fertiggebacken ist, denn oft ist die Kruste so hart, daß ungebackener Teig innen an ihr hängen bleibt, wenn man das Hölzchen herauszieht.
Kleine Brotarten aller Art werden am besten nach Zeit gebacken. Sie sind fertig, wenn sie eine schöne Farbe haben und einem leicht erscheinen.
Kastenbrote nimmt man aus der Form, um festzustellen, ob sie fertig gebacken sind. Fühlt sich die Oberfläche zu feucht und klitschig an, sollte man sie weitere 10 Minuten, allerdings ohne Form, backen.

Knuspriges und saftiges Brot

Brot, das eine **krosse, knusprige Kruste** haben soll, muß luftig und ohne Tuch abkühlen. Am besten legt man das Brot auf das Gitter. Es gibt zusammenlegbare Gitter, die sich leicht verstauen lassen.
Brot, das eine **weiche Kruste** haben soll, muß unter einem Tuch auskühlen. Dicke Laibe werden, sofort wenn sie aus dem Ofen kommen, leicht mit

etwas Wasser eingepinselt. Die Oberfläche wird so leicht glänzend, und das Brot sieht sofort appetitlicher aus. Danach muß man es, gut in ein Tuch eingewickelt, auskühlen lassen, damit die Feuchtigkeit im Brot bleibt. Schweres Roggenbrot sollte 1 bis 2 Tage liegen, bevor es angeschnitten wird.

Richtige Aufbewahrung

Brotkästen alleine sind selten ein ausreichender Schutz für Brot. Da man oft verschiedene Sorten und häufig altes und frisches Brot gleichzeitig hat, ist es am besten, wenn man jede Sorte für sich in einer Plastiktüte verwahrt. Aluminium eignet sich recht gut für einen Brotkasten. Am besten sind aber Steinguttöpfe, die man einmal in der Woche mit Essigwasser auswaschen sollte. Plastikdosen nehmen oft den Geruch von stark gewürztem Brot an.

Schimmel

Wenn das Brot schimmelt, braucht man etwas Penicillin, sagen die besonders Forschen. Tatsächlich kann man keinen Schimmelbefall heilen. Die beste Methode ist, erst gar keine Schimmelpilze in das Brot gelangen zu lassen. Die ganze Kunst besteht darin, die Brotkästen oft auszuwaschen und das Brot nicht zu warm aufzuheben. Natürlich sollte man es auch nicht zu lange liegen lassen. Schimmeliges Brot sollte man wegwerfen, weil sich unter den Schimmelpilzen auch solche mit stark gesundheitsschädigender Wirkung befinden.

Das Altern des Brotes

Doch bevor es soweit kommt, daß das Brot schimmelt, kann es schon alt und langweilig schmecken. Man sagt, das Brot wird alt. Es trocknet aus, weil das Wasser verdunstet. Eine feuchtigkeitsdichte Verpackung schützt vor dem Austrocknen.
Die Verpackung kann noch so gut sein, das wirkliche Altern des Brotes läßt sich trotzdem nicht verhindern. Das Wasser, das beim Backen an die Stärke gebunden wurde, beginnt langsam wieder frei zu werden, und wenn der Prozeß ein gewisses Stadium erreicht hat, schmeckt das Brot alt.
Im Unterschied zu praktisch allen anderen Lebensmitteln altert Brot am schnellsten im Kühlschrank. *Der Kühlschrank ist also der denkbar schlechteste Aufbewahrungsort für Brot.* Die günstigste Aufbewahrungstemperatur liegt bei 15 bis 25°, also bei Zimmertemperatur.

Tiefgefrieren von Brot

Da sich grobe Brotsorten ausgezeichnet einfrieren lassen, kann man ein lohnendes »Groß-Backen« machen. Durch das Einfrieren altert das Brot nicht. Um eine gute Qualität zu erhalten, muß der Nullpunkt so rasch wie möglich passiert werden. Deshalb ist Schockgefrieren am besten. Brot kann man, im Gegensatz zu anderen Lebensmitteln, lauwarm einfrieren. Es behält so am besten die backfrische Qualität. Man sollte das Brot eine

Kleinigkeit stärker würzen, weil der Geschmack der Gewürze während der Einlagerung etwas abnimmt. Zum Verpacken eignen sich besonders gut Tiefkühlfolien (plastikverstärkte Alufolien), Polyaethylentüten und Plastikdosen. Wenn man ein Folienschweißgerät besitzt, kann man das Brot relativ luftdicht verschließen. Brot läßt sich im Tiefkühlschrank 6 bis 12 Monate verwahren, ohne daß die Qualität leidet, aus ökonomischen Gründen ist das Langlagern aber nicht zu empfehlen.
Manche Brotsorten bekommen beim Tiefgefrieren eine zähe Kruste. Diese kann im Backofen wieder kroß gemacht werden. Kleinere Brotarten gibt man ohne vorheriges Auftauen direkt in den Ofen.

Gutes frisches Brot

Grobes Brot muß nach dem Backen einige Tage reifen, bevor es gegessen werden kann. Danach hält es sich ungefähr eine Woche frisch. Weißbrot altert dagegen sehr schnell. Durch Wiederaufbacken wird das Brot zwar wieder wie frisch, aber nur für eine kurze Zeit.

Verschiedene Arten des Aufbackens

Im Ofen – bei einer Temperatur von 150 bis 175°.
In der Folie – Wenn man das Brot in der Alufolie im Ofen aufbackt, wird es warm und weich, aber nicht kroß.
In der Kasserolle oder **Bratpfanne** – Bäckt man Brot in einer Kasserolle auf, so sollte diese einen dicken Boden haben. Eventuell kann man etwas Wasser über das Brot sprühen, den Deckel auflegen und einige Minuten bei schwacher Wärme liegen lassen.
Auf der Platte – Das Brot kann direkt auf der elektrischen Kochplatte, die eventuell mit einer Folie abgedeckt ist, bei schwacher Hitze aufgebacken werden.

Brot aus Weizenmehl

Heute ist Weizen unsere häufigste und wichtigste Getreideart. Den gewöhnlichen Weizen *(Triticum vulgare)* verwendet man zu Weizenmehl, aus dem unser Brot gebacken wird. Zum Backen ist Weizenmehl bei weitem das beste Mehl, weil es eine große Menge an Kleber (Gluten, d.h. nichtwasserlöslichen Proteinen) enthält, die in hervorragendem Maße Flüssigkeiten aufsaugen können. Beim Bearbeiten und Kneten des Teiges wird das Gluten elastisch, dehnbar und bildet Häutchen und Fäden. Wenn der Teig dann geht, schließen diese die entstehenden Gasblasen ein, und der Teig geht auf. Dem Gluten kommt also die entscheidende Bedeutung zu, daß das fertige Brot luftig wird und an Volumen gewinnt. Wegen des ausgezeichneten Backvermögens setzt man das Weizenmehl gerne anderen Mehlsorten mit schlechterem oder gar keinem Glutengehalt zu. Aus dem Weizenkorn kann man mehrere, verschiedene Arten von Mehl gewinnen. Gewöhnliches Weizenmehl ist ein **Kernmehl** oder **gesiebtes Mehl,** das aus dem Kern des Weizenkornes gemahlen wird. Die Keime und Schalenteile werden abgesiebt. Weiterhin gibt es Weizenmehl mit unterschiedlichem Ausmahlungsgrad (siehe S. 9). Solches Mehl erhält man in Reformhäusern, Bioläden und Getreidemühlen. Es ist auch in den fertigen Brotmehlmischungen enthalten. Bei den Rezepten dieses Buches sind solche Mischungen nicht berücksichtigt. In den meisten Fällen kann man aber das Weizenmehl (d.h. das Kernmehl) gegen besonders hoch ausgemahlenes Weizenmehl oder gegen Mischungen austauschen.

Weizenkleie wird aus den Schalenteilen des Weizenkornes gewonnen. Kleie enthält Faserstoffe (Ballaststoffe). Eine Beimischung von etwa 1 Tasse auf ½ l Flüssigkeit ist bei den meisten Teigen gut und nützlich.

Weizenkeime enthalten Fett, Protein und Vitamin E. Die Keime besitzen auf Grund des Fettgehaltes nur eine begrenzte Haltbarkeit und müssen kühl aufbewahrt werden. Vielen Brotsorten geben sie einen guten Geschmack.

Weizenkörner und **Weizenflocken** sind ganze bzw. zerquetschte Körner. Will man ein grobes Brot backen, tauscht man einen Teil des Mehles gegen ganze oder zerquetschte Körner aus. Bevor man es verwendet, muß das Korn abgespült und mit kochendem Wasser übergossen werden. Das ganze Korn sollte außerdem 10 bis 15 Minuten kochen, weil es sonst steinhart wird und kaum zu kauen ist. Außerdem muß sowohl das ganze wie das zerquetschte Korn 6 bis 8 Stunden im Wasser quellen.

Kleine Teile
(ca. 20 Stück)

Brötchen (Schrippen, Knüppel usw.) sind als Frühstücksgebäck beliebt und lassen sich auch gut zu Salaten, Suppen usw. reichen. Die Art der Ausformung kann man vielfach variieren. Sie lassen sich gut einfrieren. Man kann sie dann aufbacken und warm servieren.

50 g Margarine oder Butter
¼ l Milch
50 g Hefe
½ TL Salz
(½ EL Zucker)
ca. 450 g Weizenmehl

Zum Einpinseln
Ei
Mohn oder Kümmel

Das Fett in einer Kasserolle zerlassen, vom Feuer nehmen und die Milch zugießen. Zur zerkrümelten Hefe Salz (eventuell Zucker) und die Flüssigkeit geben. Den größten Teil des Mehles zugeben und den Teig geschmeidig und glänzend kneten. Zugedeckt 10 bis 20 Minuten stehen lassen. Dann den Teig auf das Backbrett legen und mit dem Rest des Mehles verarbeiten. Den Teig in gleich große Stücke teilen und zu kleinen, flachen Brötchen, Teekuchen, Stangen, Hörnchen oder ähnlichem formen. Auf dem Backblech bis knapp zu doppelter Größe gehen lassen. Mit dem geschlagenen Ei einpinseln und Mohn oder Kümmel darüberstreuen.
Bei 250° 8 bis 10 Minuten backen.

Amerikanische kleine Teilchen
(18 Stück)

Diese leichten, luftigen, kleinen Brötchen eignen sich als Zugabe zu Suppen und Salaten. Sie benötigen kein extra Fett als Aufstrich.

50 g Hefe
50 g Margarine oder Butter
¼ l Milch
1 TL Salz
ca. 500 g Weizenmehl

Zum Einpinseln
Margarine oder Butter

Das Fett zerlassen und die Milch zugießen. Die handwarme Flüssigkeit über die zerkrümelte Hefe gießen und so lange umrühren, bis sie sich aufgelöst hat. Das Salz zugeben und das Mehl einarbeiten, bis ein geschmeidiger Teig entstanden ist. Auf das Backbrett geben und einige Minuten kneten, danach den Teig ca. 24 cm breit und 55 cm lang ausrollen. 4 cm breite Streifen ausrädeln oder ausschneiden. Mit flüssigem Speisefett einpinseln und jeweils 5 bis 6 Streifen übereinander legen. In viereckige Stücke schneiden und mit der Schnittkante nach oben in Törtchenformen (Muffinformen) stellen. Die Teilchen bis knapp zur doppelten Größe gehen lassen.
Ca. 10 Minuten bei 250° backen (siehe Bild links).

Weißbrötchen

(ca. 20 Stück)

Diese Brötchen haben eine harte, knusprige Kruste und sind innen weich. Am besten ißt man sie noch am gleichen Tag. Das feine Weizenmehl kann man gegen grobes Weizenmehl oder feines Brotmehl austauschen, doch gehen die Brötchen dann nicht so auf.

½ l kaltes Wasser
25 g Hefe
3 TL Salz
ca. 750 g Weizenmehl

Zum Einpinseln
Wasser oder 1 Eigelb
50 ml Wasser

Die zerkrümelte Hefe in Wasser auflösen. Salz und Mehl zufügen, einen Teil des Mehles zum Ausformen zurückbehalten. Den Teig kräftig kneten, mindestens 10 Minuten mit der Hand oder 5 bis 8 Minuten im Knetapparat. Die Teigschüssel mit einer Plastikfolie abdecken und den Teig bei Zimmertemperatur 4 bis 5 Stunden gehen lassen. Dann den Teig mit einem Teigschaber von der Schüsselwand abkratzen und auf ein leicht eingemehltes Backbrett legen. Rasch zu einer flachen, viereckigen Platte von ca. 24 mal 30 cm formen. Mit einem scharfen Messer in gleich große Stücke schneiden. Vorsichtig zu runden Brötchen formen und diese auf ein eingefettetes Blech legen. Etwas Mehl darüber stäuben. Nicht abgedeckt etwa 30 Minuten gehen lassen. Einpinseln.
Bei 250° 10 bis 12 Minuten backen, abkühlen lassen.

Einfache Brötchen

(15 bis 20 Stück)

Es lohnt sich wirklich, Brötchen selber zu backen. Das Öl, das man auch weglassen kann, macht das Gebäck etwas saftiger und weicher.

75 g Hefe
½ l Wasser oder Milch
2 EL Öl
1 TL Salz
ca. 900 g Weizenmehl

Wasser oder Milch und Öl handwarm erwärmen und die zerkrümelte Hefe in einem Teil der Flüssigkeit auflösen. Den Rest der Flüssigkeit zusammen mit dem Salz und dem Mehl zugeben. Den Teig kräftig durcharbeiten und dann 10 Minuten in der Teigschüssel ruhen lassen. Auf das Backbrett geben und weiter einige Minuten kneten. Zu flachen, ovalen Brötchen formen oder zu langen, etwas flachen Laiben rollen. Mit einem in Mehl getauchten Messer quer durchschneiden und in gleich große Scheiben teilen. Diese mit der Schnittkante nach oben auf das Backblech legen, zur doppelten Größe gehen lassen.
8 bis 10 Minuten bei 250 bis 300° backen. Wünscht man Brötchen mit weicher Kruste, kann man sie mit Wasser einpinseln, sobald sie aus dem Ofen kommen.

Partybrötchen mit Gewürzen

(ca. 30 Stück)

Besonders gut sind diese Brötchen als Zugabe zu Salaten und Suppen. Man braucht keine zusätzliche Butter. Am besten schmecken sie, wenn man sie serviert, solange sie noch etwas warm sind.

100 g Margarine oder Butter
300 ml Milch
50 g Hefe
1 TL Salz
1 EL Thymian, Basilikum oder Oregano
ca. 500 g Weizenmehl

Zum Einpinseln
3 EL zerlassene Margarine oder Butter

Das Fett in einer Kasserolle zerlassen und die Milch zugießen. Mit etwas handwarmer Flüssigkeit die Hefe anrühren und dann den Rest zugeben. Danach das Salz, die Hälfte der Gewürze und das Mehl zumischen und den Teig glänzend und geschmeidig arbeiten. Auf das Backbrett geben und in 30 gleich große Stücke teilen. Jedes Teil zu einem runden Bällchen formen und diese im flüssigen Fett wälzen. Dicht an dicht in eine längliche Form, ca. 25 mal 35 cm groß, oder in eine runde Form setzen. Den Rest der Gewürze darüberstreuen und die Brötchen ca. 30 Minuten gehen lassen.
Bei 225° ca. 15 Minuten backen (siehe Bild S. 59).

Rustikale Weizenbrötchen

(12 Brötchen)

Diese kräftigen, groben Brötchen eignen sich gut als Zwischenmahlzeit oder zum Frühstück.

3–4 EL Rosinen
3–4 EL zerquetschte Weizenkörner
ca. 300 ml Wasser
1 EL Öl
200 ml kaltes Wasser
25 g Hefe
½ Tasse Weizenkleie
1 Tasse Grahammehl
ca. 300 g Weizenmehl
2 TL Salz
1½ TL Kümmel
(1 EL brauner Zucker)

Die Rosinen, Weizenkörner und 300 ml Wasser in eine Kasserolle geben. Bei geschlossenem Deckel 20 Minuten kochen. Es ist dann ein dünner Brei entstanden. Öl und das kalte Wasser zugeben, abkühlen lassen und die zerkrümelte Hefe darin auflösen. Alle trockenen Zutaten in eine Teigschüssel geben. Zum Ausformen etwa 100 g Weizenmehl zurückbehalten. Die »Breimischung« zugeben und den Teig ordentlich durcharbeiten. Etwas Mehl darüberstreuen und zugedeckt etwa 1 Stunde gehen lassen. Dann auf das mit Mehl bestreute Backbrett legen und geschmeidig kneten. In 12 gleich große Stücke teilen und diese zu glatten, runden Bällchen formen, auf ein mit Backpapier ausgelegtes Blech legen und etwas flach drücken. Zugedeckt 40 bis 50 Minuten aufgehen lassen.
Bei 200 bis 225° 15 bis 20 Minuten backen. In ein Tuch einwickeln und auf einem Gitter abkühlen lassen.

Lunchbrötchen mit Käse
(ca. 30 Stück)

Eignen sich gut als Partybrötchen zu Salat oder Suppe. Der Käse gibt einen kräftigen Geschmack, und man braucht keinen besonderen Belag.

50 g Margarine oder Butter
½ l Milch
50 g Hefe
1½ Tassen geriebenen Käse
ca. 600 g Weizenmehl

Zum Einpinseln
Wasser

Das Fett zerlassen und die Milch zugießen. Die Hefe in einem Teil der handwarmen Flüssigkeit auflösen. Den Rest mit dem Käse und dem Mehl zugeben und so lange kneten, bis ein fester Teig entstanden ist. Ungefähr 1 Stunde gehen lassen. Den Teig auf das Backbrett legen und etwas kneten. Falls notwendig, mehr Mehl zugeben. Kleine runde oder längliche Brötchen formen und zum Gehen auf ein Blech legen.
8 bis 10 Minuten bei 225° backen. Sobald die Brötchen fertig sind, werden sie mit etwas warmem Wasser bepinselt.

Imbißbrötchen mit Hüttenkäse
(ca. 25 Stück)

Saftige Brötchen, die durch den Hüttenkäse einen besonderen Proteingehalt bekommen. Will man sie besonders wertvoll haben, kann man das Weizenmehl verringern und durch ½ Tasse Weizenkleie ersetzen.

25 g Margarine oder Butter
¼ l Milch
25 g Hefe
⅓ TL Salz
100 g Hüttenkäse
ca. 450 g Weizenmehl

Zum Einpinseln
Milch
oder
1 Ei

Das Fett zerlassen und die Milch zugießen. Zu der zerkrümelten Hefe das Salz und den Hüttenkäse geben. Etwas von der Flüssigkeit zugießen und umrühren, bis sich die Hefe aufgelöst hat. Den Rest der Flüssigkeit und den größeren Teil des Mehls hinzufügen. Den Teig geschmeidig arbeiten. 10 Minuten in der Teigschüssel gehen lassen. Dann den Teig auf das Backbrett geben und kneten. Runde oder ovale Brötchen formen und zugedeckt auf dem Backblech gehen lassen. Mit etwas Milch oder leicht geschlagenem Ei einpinseln.
Bei 250° ca. 8 Minuten backen. Die Brötchen auf ein Gitter legen und zugedeckt auskühlen lassen.

Karlsbaderbrot
(20 bis 25 Stück)

Leckere, leichte, etwas süße kleine Teile, die besonders gut mit Butter und Marmelade zum Tee oder Kaffee passen. Die kleinen, zylinderförmigen Brötchen werden, sobald sie etwas abgekühlt sind, mit einem nassen Messer getrennt.

200 ml Milch
75 g Hefe
ca. 450 g Weizenmehl
1 Prise Salz
2 Eigelb
100 g Margarine oder Butter
2 EL Zucker

Zum Einpinseln
1 Ei

Die Hefe in die Teigschüssel krümeln, die handwarme Milch und die Hälfte des Mehls sowie das Salz und das Eigelb zugeben. Den Teig kneten. Fett und Zucker verrühren. Zusammen mit dem Rest des Mehls in den Teig arbeiten und ihn 15 bis 20 Minuten gehen lassen. Zu ovalen Brötchen, eventuell mit etwas spitzen Enden, formen. Auf dem eingefetteten Blech gehen lassen. Mit dem geschlagenen Ei bepinseln.
5 bis 6 Minuten bei 275° backen.

Hamburger-Brot
(35 Stück)

Wenn man gerne Hamburger ißt, lohnt es sich, Hamburger-Brote zu backen. Verwendet man Wasser als Flüssigkeit, werden sie leicht und luftig. Mit Milch werden sie saftiger, etwas fester und proteinreicher.

75 g Hefe
2 EL Margarine oder Öl
½ l Milch oder Wasser
½–1 TL Salz
(2 TL Zucker)
ca. 900 g Weizenmehl

Die Margarine in einer Kasserolle zerlassen (das Öl wird direkt in die Flüssigkeit gemischt) und die Flüssigkeit zugeben. Die Hefe in etwas handwarmer Flüssigkeit auflösen. Den Rest sowie Salz, eventuell Zucker und das Mehl zugeben. Etwas Mehl zum Ausformen zurückbehalten. Den Teig kräftig durchkneten und dann in der Teigschüssel 30 Minuten gehen lassen. Dann auf das Backbrett geben und noch einige Minuten kneten. Zu Hamburger-Brötchen formen. Man kann das auf zweierlei Art machen: Den Teig knapp 1½ bis 2 cm dick ausrollen und mit einer Form runde Fladen mit ca. 8 cm Durchmesser ausstechen. Oder den Teig zu Laiben formen, in gleich große Stücke teilen und zu glatten Brötchen rollen. Wenn man sie aufs Blech legt, werden sie flach gedrückt (siehe Bild S. 28/29). Das Brot gut bis fast zur doppelten Größe aufgehen lassen.
Bei 250° 5 bis 8 Minuten backen.

Brötchen
(ca. 16 Stück)

Diese kleinen Frühstücksbrötchen mit knuspriger Kruste werden am besten gegessen, wenn sie frisch gebakken sind. Sie lassen sich ausgezeichnet einfrieren.

½ l Wasser
25 g Hefe
1 TL Salz
1½ Tassen Grahammehl
ca. 600 g Weizenmehl

Zum Einpinseln
Wasser

In einem Teil der handwarmen Flüssigkeit die Hefe anrühren. Den Rest des Wassers und nach und nach Salz, Graham- und Weizenmehl dazugeben. Den Teig geschmeidig und glänzend arbeiten. Abdecken und ca. 30 Minuten gehen lassen. Dann auf das Backbrett geben und kräftig kneten. In 16 gleich große Stücke teilen. Jedes Teil zu einem länglichen Brötchen formen. Die Brötchen auf Bleche legen und weitere 30 Minuten gehen lassen. In die aufgegangenen Brötchen einen tiefen Schnitt machen. Mit kaltem Wasser einpinseln. Bei 275° 8 Minuten backen, bzw. so lange, bis die Brötchen eine schöne Farbe angenommen haben. Auskühlen lassen.

Brioches
(ca. 25 Stück)

Das ursprüngliche Rezept dieses leichten, eireichen Gebäckes stammt aus Frankreich, wo die Briocherezepte von Gegend zu Gegend etwas verschieden sind. Brioches können zum Frühstück mit Butter und Marmelade gegessen werden oder als Partybrötchen zu festlichen Suppen und Salaten.

200 ml lauwarmes Wasser
50 g Hefe
ca. 250 g Weizenmehl
½ TL Salz
150 g Margarine oder Butter
3–4 EL Zucker
5–6 Eier
ca. 700 g Weizenmehl

Zum Einpinseln
1 Ei

Die Hefe in dem handwarmen Wasser auflösen. Mehl und Salz zugeben. Den Teig durcharbeiten und zu doppelter Größe gehen lassen. Das Fett mit dem Zucker verrühren. Die Eier schlagen, in den Teig einarbeiten und mehr Mehl zugeben. Dann den Teig auf das Backblech legen und so lange kneten, bis er geschmeidig wird. Zu länglichen Laiben ausrollen. Etwas von dem Teig beiseite tun. 25 runde Brötchen formen und auf das Blech oder besser in Backformen aus Alufolie legen. In jedes Brötchen oben eine Vertiefung machen und ein Teigkügelchen hineinlegen. Gehen lassen. Gut mit verschlagenem Ei einpinseln. Bei 250° ca. 10 Minuten backen (siehe Bild rechts).

Gesalzene Butterhörnchen
(48 Stück)

Diese knusprigen Hörnchen müssen mit reiner Butter gebacken werden, die ihnen den besonderen Geschmack gibt. Die Hörnchen lassen sich ausgezeichnet einfrieren. Kurz vor dem Servieren werden sie dann aufgebacken.

125 g zerlassene, abgekühlte Butter
50 g Hefe
200 ml süße Sahne
200 ml Wasser
1 Ei
1 TL Salz
ca. 800 g Weizenmehl
125 g stark gesalzene Butter

Zum Einpinseln
Zerlassene Butter
Eier

Zu der zerkrümelten Hefe die süße Sahne, das Wasser, das Ei und das Salz und die flüssige, abgekühlte Butter geben. Den größten Teil des Mehls einarbeiten. Dann den Teig auf das Backbrett geben und rechteckig ausrollen. Die zimmerwarme, stark gesalzene Butter daraufstreichen. Den Teig dreimal umschlagen, um 90° drehen und nochmals dreimal umschlagen. Im Kühlschrank ruhen lassen. Herausnehmen, aufs neue ausrollen und dreimal umschlagen. Kalt ruhen lassen. Zu 2 rechteckigen Böden von 35 mal 45 cm ausrollen. 12 Quadrate ausrädeln und diese von Ecke zu Ecke teilen. Die ausgelassene Butter auftragen. Zu Hörnchen formen. Kalt 1 bis 2 Stunden stehen lassen. Mit dem Ei einpinseln.
Ca. 5 Minuten bei 250° backen.

Restaurantbrot
(ca. 25 kleine Brote)

Restaurantbrot ist rustikaler als gewöhnliches Weißbrot. Das feine Weizenmehl kann gegen grobes Weizenmehl oder feines Brotmehl oder gegen eine Mischung von feinem Roggen- und Weizenmehl ausgetauscht werden. Das Brot läßt sich gut einfrieren. Am besten taut man es in einer Plastiktüte auf, dann bleibt es saftiger; kurz vor dem Essen bäckt man es auf, damit die Kruste knusprig wird.

½ l Wasser
30 g Hefe
½ EL Butter oder Margarine
½ EL Salz
ca. 250 g feines Roggenmehl
ca. 600 g Weizenmehl

In einem Teil des handwarmen Wassers die Hefe anrühren. Den Rest des Wassers, das Fett, Salz und das feine Roggenmehl zugeben. So viel Weizenmehl einarbeiten, daß ein ausreichend fester Teig entsteht. Etwas Mehl darüberstreuen. Ca. 30 Minuten gehen lassen. Dann den Teig auf das Backblech legen und so lange kneten, bis er sich leicht vom Brett löst. In 5 Stücke teilen und jedes Teil zu einem Laib rollen. Jeden Laib wiederum in 5 Stücke teilen. Die Teile in Mehl wälzen und auf ein eingefettetes Blech geben. Ein Tuch darüberlegen und die kleinen Laibe etwa 30 Minuten gehen lassen.
Ca. 10 Minuten bei 225° backen (siehe Bild S. 37).

Baguettes
(3 Stück)

Dieses weiße Brot mit knuspriger Kruste erinnert stark an die im Handel befindlichen Baguettes. Am besten wird das Brot frisch gegessen. Das Brot läßt sich auch einfrieren, muß aber vor dem Servieren im Ofen wieder aufgebacken werden.

15 g Hefe
½ l kaltes Wasser
2 TL Salz
ca. 700 g Weizenmehl

Zu der zerkrümelten Hefe das Wasser gießen und umrühren, bis sich die Hefe aufgelöst hat. Dann Salz und Mehl dazumischen. Den Teig kräftig kneten. Gutes Durcharbeiten ist für die Konsistenz des Brotes wichtig. Die Schüssel mit einer Plastikfolie abdecken und den Teig 4 bis 5 Stunden bei Zimmertemperatur gehen lassen. Während der Teig geht, bildet sich Feuchtigkeit, die als Tropfen auf den Teig fällt und die Oberfläche feucht hält. Das Backbrett mit etwas Mehl bestreuen. Den Teig darauf legen und vorsichtig zu einem rechteckigen Laib formen. Er soll dabei nicht mehr geknetet werden. Mit einem nassen Messer wird der lockere Teig in 3 Teile geschnitten und auf ein eingefettetes Blech gelegt. Vorsichtig zu Stangen formen. Etwas Mehl darüber streuen und ohne Tuch gehen lassen. Dann leicht mit einem nassen Messer je 3 schräge Schnitte in die Oberfläche machen.
Auf der Mittelschiene ca. 8 Minuten bei 260° backen. Den Backofen dann auf 200° herunterschalten und weitere 30 Minuten backen.

Stangenweißbrot mit Mohn
(2 Stück)

Bei diesem Stangenweißbrot mit weicher Kruste kann man statt Mohn auch Sesam oder Kümmel nehmen.

25 g Hefe
¼ l Milch
2 EL Öl
2 TL Salz
ca. 450 g Weizenmehl

Zum Einpinseln
Eier
2–3 EL Mohn

Zu der handwarmen Milch das Öl geben und über die Hefe gießen. So lange umrühren, bis sie sich aufgelöst hat. Salz und einen Großteil des Mehles zugeben und den Teig zäh und geschmeidig arbeiten. Etwas Mehl darüberstreuen. Ca. 30 Minuten oder bis knapp zur doppelten Größe gehen lassen. Dann den Teig auf das Backbrett legen und den Rest des Mehls einarbeiten. 2 schmale Laibe formen, die so lang wie die Bleche sind. Mit einem nassen Messer die Laibe leicht einschneiden. 30 Minuten zugedeckt gehen lassen. Mit geschlagenem Ei einpinseln und reichlich mit Mohn bestreuen.
Bei 250° 10 bis 12 Minuten backen. Die Brote zugedeckt abkühlen lassen.

Französische Hörnchen

(35 Stück)

Knusprige Hörnchen, gut vergleichbar mit den französischen Croissants. Am besten schmecken sie frisch gebacken. Sie lassen sich ausgezeichnet einfrieren und bei Bedarf im Backofen aufbacken, bis sie schön knusprig sind.

100 g Hefe
½ l lauwarmes Wasser
50 g Butter oder Margarine
2 TL Salz
ca. 900 g Weizenmehl

Zum Einrollen
150 bis 200 g Butter oder Margarine

Zur zerkrümelten Hefe Wasser, Fett (50 g), Salz und ¾ des Mehls geben. Der Rest wird zum Ausformen verwendet. Den Teig geschmeidig und glänzend arbeiten. Mehr Mehl zugeben und auf dem Backbrett kneten. Eine Kugel formen, etwas flach drükken und ein großes Kreuz einschneiden. Die Viertel auseinanderziehen, in Scheiben geschnittenes Fett in die Mitte legen und die Viertel überschlagen. Den Teig wenden, einmehlen und zu einem viereckigen, ziemlich dicken Boden klopfen oder leicht rollen. Von beiden Seiten dreifach falten. Den Teig im Kühlen ruhen lassen. Noch einmal rollen und falten. Dann den Teig ziemlich dünn ausrollen, entweder zu runden Kuchen oder zu einem rechteckigen Boden, der in Dreiecke geteilt wird (siehe Bild S. 56). Mit Fett einpinseln. Zu Hörnchen formen. Auf das Blech legen und zu doppelter Größe gehen lassen.
Bei 275° 10 Minuten backen.

Stangenweißbrot
(4 bis 5 Stück)

Das Stangenweißbrot ist ein längliches Brot, das gebrochen wird. Das Rezept stammt aus Frankreich. Die Kruste soll hart und knusprig sein. Das zu Hause gebackene Stangenweißbrot kann allerdings nicht ganz so knusprig werden wie das gekaufte.

50 g Hefe
½ l Wasser
2 EL Öl
1½–2 TL Salz
ca. 800 g Weizenmehl

Wasser und Öl zusammen handwarm erwärmen. Die zerkrümelte Hefe in etwas Flüssigkeit anrühren. Dann die restliche Flüssigkeit, Salz und Mehl zugeben. Den Teig kräftig durcharbeiten und dann ca. 30 Minuten in der Teigschüssel gehen lassen. Auf das Backbrett legen und einige Minuten kneten. Den Teig teilen und zu schmalen Rollen formen. Mit einem nassen Messer einen Schnitt in jede Rolle machen. Bis zur doppelten Größe gehen lassen. Läßt man sie nicht abgedeckt gehen, wird die Kruste knuspriger.
10 bis 12 Minuten bei 275° backen.

Stangenweißbrot mit Weizenflocken
(5 schmale Laibe)

Leicht abgekühlt schmeckt dieses saftige, gute Brot, das eine grobe, knusprige Kruste hat, am besten. Das feine Weizenmehl kann gut gegen ein gröberes Weizen- oder gegen feines Brotmehl ausgetauscht werden. Das Brot wird gebrochen.

600 ml Wasser
50 g Hefe
½ EL Salz
1 Tasse Weizenflocken
¾ Tasse Weizenkleie
ca. 700 g Weizenmehl

Zu der zerkrümelten Hefe das handwarme Wasser gießen und die Hefe auflösen. Dann die übrigen Zutaten zugeben. Den Teig, zuerst in der Teigschüssel, dann auf dem Backbrett, geschmeidig arbeiten. Schmale Stangen, ebenso lang wie das Backblech, formen. Die Brote ca. 45 Minuten gehen lassen.
12 bis 15 Minuten bei 275° backen. Nicht zugedeckt auskühlen lassen (siehe Bild S. 59).

Glutfladen
(20 Stück)

Dieses Rezept stammt aus Lappland, ähnliche Rezepte gibt es aber auch in anderen Ländern. Das Brot gelingt am besten, wenn es auf glühend heißen Steinen gebacken wird. Es gerät aber auch dann, wenn es in einem heißen Backofen gebacken wird.

½ l Wasser
50 g Hefe
1 TL Salz
ca. 600 g Weizenmehl

In einem Teil des handwarmen Wassers die Hefe auflösen. Das restliche Wasser, Salz und Mehl zugeben. Den Teig rasch zusammenarbeiten und zu runden Bällchen formen. Mit den Händen zu dünnen, flachen Fladen drücken.
In einer Pfanne über der Glut backen oder auf einem flachen, über die Glut gelegten Stein. Umdrehen und auch die Oberseite backen.
Die Fladen können auch in einem Backofen mit eingebautem Grill oder in einer trockenen, heißen, gußeisernen Bratpfanne auf dem Herd gebakken werden. Man serviert die Fladen frisch gebacken.

Weizenbrot

(3 Stück)

Leichte, lockere Fladen, die sich gut als »Butterbrotfladen« verwenden lassen. Der Teig kann auch in einer länglichen Form (30 mal 40 cm) gebacken werden. Das fertige Brot wird an den Kanten sauber zurechtgeschnitten, der Länge nach in 2 Teile und jedes Teil dann wieder in 2 Böden zu rechteckigen »Butterbrotfladen« geteilt. Das Rezept kann auch für 12 kleine Fladen benutzt werden.

50 g Hefe
½ l lauwarmes Wasser
2 EL Öl
(2 TL Zucker)
1½ TL Salz
ca. 700 g Weizenmehl

Zum Einpinseln
Wasser

Die Hefe in einem Teil des Wassers anrühren. Das restliche Wasser, Öl, eventuell Zucker, Salz und Mehl zugeben. Den Teig locker und geschmeidig kneten. Falls notwendig, mehr Mehl nehmen. 20 Minuten gehen lassen. Auf das Backblech geben und zu 3 Fladen von je 20 cm Durchmesser ausrollen. Auf das Blech legen. Mit der Gabel Löcher hineinstechen und ca. 30 Minuten gehen lassen.
Ca. 15 Minuten bei 225 bis 250° backen. Das Brot mit warmem Wasser einpinseln, sobald es aus dem Ofen kommt.

Gudruns weiches Fladenbrot

(10 bis 12 Brote)

Ein schönes Fladenbrot, das am besten frisch gebacken mit Butter gegessen wird. Wenn man die Fladen knapp 3 Minuten von jeder Seite backt, bekommen sie eine schöne Farbe und sind gerade richtig weich.

50 g Margarine
½ l Milch
12 g Hefe
½ TL Salz
3–4 EL Zucker
2 EL Sirup
½ TL Hirschhornsalz
ca. 100 g Grahammehl
ca. 100 g feines Roggenmehl
ca. 450 g Weizenmehl
Weizenmehl zum Ausformen

Das Fett zerlassen und die Milch zugießen. In einem Teil der handwarmen Flüssigkeit die Hefe anrühren. Die restliche Flüssigkeit, Salz, Zucker, Sirup, Hirschhornsalz, Grahammehl und das feine Roggenmehl zugeben. Das Weizenmehl einarbeiten. Den Teig ca. 30 Minuten gehen lassen. Dann den lockeren Teig in 10 bis 12 Teile schneiden. Jedes Teil zu einem Bällchen rollen und auf dem gut mit Mehl bestreuten Backbrett zu knapp ½ cm dicken Fladen ausrollen. Eventuell das Mehl abbürsten. Vorsichtig in die heiße, trockene Bratpfanne auf dem Herd legen.
Bei mittlerer Hitze ca. 2 Minuten von jeder Seite backen. Auf einem Gitter gut abgedeckt etwas abkühlen lassen. In einer Plastiktüte verwahren.

Schärenfladen

(ca. 8 Stück)

Weiche Fladen, wie sie die Fischersfrauen von Bohuslän (Westschweden) in ihren großen Steinplattenöfen zu backen pflegten. Man ißt das Brot noch am gleichen Tag, an dem es gebacken wurde. Es läßt sich aber auch gut einfrieren.

50 g Margarine oder Butter
1 l Milch
50 g Hefe
5–6 EL Sirup
1 EL Salz
ca. 400 g feines Roggenmehl
ca. 1,1 kg Weizenmehl
(gut 2 TL Hirschhornsalz)

Das Fett zerlassen, die Milch zugießen. Zu der zerkrümelten Hefe etwas von der handwarmen Flüssigkeit geben und umrühren, bis die Hefe aufgelöst ist. Dann die restliche Flüssigkeit, Sirup, Salz und die beiden Mehlsorten dazumischen. Etwas von dem Weizenmehl zum Ausformen zurückbehalten. Dann den Teig kneten, bis er sich von dem Rand der Teigschüssel löst. Bis zur doppelten Größe gehen lassen. Eventuell das Hirschhornsalz, das man über den Teig streut, zusetzen. Kneten. Den Teig in gleich große Stücke teilen und zwischen Tüchern gehen lassen. Zu ½ cm dicken Fladen mit ca. 24 cm Durchmesser ausrollen. Die Fladen mit Löchern versehen. Etwas mit Mehl bestäuben und zwischen Tüchern leicht gehen lassen.
Auf heiße Bleche legen und 3 bis 4 Minuten bei 275° backen. Gut eingepackt auskühlen lassen.

Weizenkaros mit Mohn

(ca. 15 Stück)

Will man ein gröberes Brot haben, kann man das feine gegen ein grobes Weizenmehl oder gegen ein feines Brotmehl austauschen.

25 g Hefe
¼ l lauwarmes Wasser
50 ml Öl
1 TL Salz
ca. 350 g Weizenmehl

Zum Einpinseln
Milch
2 TL Mohn

Mit 50 ml der Wassermenge die Hefe anrühren. Den Rest des Wassers, Öl und Salz zugeben. Das Mehl einarbeiten. Der Teig soll relativ locker sein und nicht zu stark bearbeitet werden. Flach in eine eingefettete längliche Form (20 mal 25 cm) legen. Mit einem in Öl getauchten Messer gleich große Vierecke markieren. Dann den Fladen knapp bis zur doppelten Größe gehen lassen. Mit Milch einpinseln und Mohn darüberstreuen.
Bei 250° ca. 10 bis 12 Minuten backen. Sobald das Brot abgekühlt ist, an den Markierungen brechen.

Zopfbrot
(5 Stück)

Dieses Zopfbrot ist ein weißes, ungesüßtes Brot. Man kann auch gewöhnliche Laibe oder große, mit Sesam bestreute Hörnchen backen.

100 g Margarine
½ l Milch
½ l Wasser
75 g Hefe
1 TL Salz
ca. 1½ kg Weizenmehl

Zum Einpinseln
Wasser
Mohn

Die Margarine zerlassen und die Flüssigkeit zugießen. Die zerkrümelte Hefe in einem Teil dieser Flüssigkeit auflösen. Salz und den Rest der Flüssigkeit zugeben. Nach und nach die Hälfte des Mehls einarbeiten und den Teig zäh und geschmeidig arbeiten. Etwas Mehl darüberstreuen und 20 bis 30 Minuten gehen lassen. In der Teigschüssel den Teig mit dem übrigen Mehl verarbeiten. Dann auf dem Backbrett geschmeidig kneten. In 5 Teile aufteilen und von jedem Teil etwas wegnehmen. Die großen Teile zu flachen Laiben mit glatter Oberfläche ausrollen und auf das Backblech legen. Die kleinen Teile in 2 Hälften teilen, zu schlanken Würsten rollen und umeinanderdrehen. Diese Schnüre längs auf das Brot und unter die Enden legen, so daß sie fest sitzen. Die Brote bis fast zur doppelten Größe gehen lassen. Mit etwas Wasser oder Milch einpinseln und Mohn darüberstreuen.
Ca. 25 Minuten bei 225 bis 250° backen (siehe Bild rechts).

Weißes Kastenbrot

(2 Kastenbrote)

Wenn man Milch als Flüssigkeit nimmt, bekommt man ein weicheres Brot mit einer schöneren Farbe. Mit Wasser wird es etwas leichter und hat eine krossere Kruste. Einen eventuellen Hefegeschmack, der bei ungewürztem weißen Brot leicht entstehen kann, kann man durch Zusatz von etwas zerriebenem Kümmel beheben.

50 g Hefe
50 g Margarine oder Butter
600 ml Milch oder Wasser
1 TL Salz
(2 TL Zucker)
ca. 900 g Weizenmehl

Zum Einpinseln
Wasser

Das Fett in einer Kasserolle zerlassen und die Flüssigkeit zugießen, handwarm erwärmen. Etwas von dieser handwarmen Flüssigkeit über die zerkrümelte Hefe gießen und umrühren. Die restliche Flüssigkeit, Salz, eventuell Zucker und Mehl zugeben. Einen Teil des Mehls zum Ausformen zurückbehalten. Den Teig kräftig kneten und gut 30 Minuten in der Teigschüssel gehen lassen. Dann auf das Backbrett legen und mit dem Rest des Mehls nochmals einige Minuten kneten. Den Teig zu flachen Laiben formen und in eingefettete, rechteckige Formen von ca. 1½ l Fassungsvermögen geben. Das Brot gut gehen lassen. Unten im Ofen bei 225° ca. 30 Minuten backen.

Gewürzzopf in der Form

(2 Kastenbrote)

Ein leckeres, weißes Brot, das mit Kümmel, Fenchel und Pomeranzenschalen gewürzt ist. Das feine Weizenmehl kann gegen grobes oder feines Brotmehl ausgetauscht werden.

50 g Margarine
½ l Wasser
50 g Hefe
2 TL Salz
2 EL Sirup
½ EL zerriebener Kümmel
½ EL zerriebener Fenchel
1 EL gemahlene Pomeranzenschalen
ca. 750 g Weizenmehl

Zum Einpinseln
Wasser

Die Margarine zerlassen und das Wasser zugießen. Die zerkrümelte Hefe mit einem Teil der handwarmen Flüssigkeit anrühren. Die restliche Flüssigkeit sowie Salz, Sirup, die zerriebenen Gewürze und den größten Teil des Mehls zugeben. Den Teig glänzend und geschmeidig kneten. 20 bis 25 Minuten in der Teigschüssel gehen lassen. Dann auf dem mit Mehl bestreuten Backbrett gründlich kneten. In 6 gleich große Stücke teilen. Zu Rollen, etwas länger als eine Backform, formen. 2 Zöpfe flechten und in die gut eingefetteten Backformen legen. Die Zöpfe ca. 40 Minuten gehen lassen.

Bei 200° ca. 40 Minuten backen. Einpinseln.

Weißbrot
(2 Stück)

Dieses knusprige Brot ißt man am besten noch am gleichen Tag. Pinselt man das Brot mit Eigelb und Wasser ein, erhält man eine schöne, glänzende Kruste.

½ l kaltes Wasser
50 g Hefe
1 EL Salz
ca. 750 g Weizenmehl

Zum Einpinseln
Wasser
oder
1 Eigelb
50 ml Wasser

In das Wasser die Hefe krümeln und umrühren, bis sie sich aufgelöst hat. Salz und Mehl zugeben, etwas zum Ausformen zurückbehalten. Den Teig kräftig in der Teigschüssel bearbeiten. Er soll richtig zäh und locker sein. Dann die Teigschüssel mit einer Plastikfolie abdecken und den Teig 2 Stunden gehen lassen. Auf das eingemehlte Backbrett geben. Ein paar Minuten kneten und 2 Laibe von ca. 30 cm Länge formen. Auf das Backblech legen. Ohne Tuch ca. 1 Stunde gehen lassen. Mit kaltem Wasser oder einer Mischung von Eigelb und Wasser einpinseln.
Ca. 10 Minuten bei 275° backen. Den Backofen ausschalten und ca. 5 Minuten in der Nachwärme weiterbacken. Die Brote auskühlen lassen.

Italienisches Brot
(2 bis 4 Stück)

Dieses krosse Brot zum Auseinanderbrechen eignet sich zu Salaten oder Suppen. Der Teig kann auch zu 4 schmalen Laiben geformt werden.

25 g Hefe
600 ml lauwarmes Wasser
¾ EL Salz
ca. 900 g Weizenmehl

Die Hefe in einem kleinen Teil des Wassers auflösen. Das übrige Wasser, Salz und Mehl zugeben. Den Teig so lange kneten, bis er sich von dem Rand der Teigschüssel löst oder etwa 10 Minuten auf dem Backbrett. In 2 oder 4 Stücke teilen und diese zu Laiben formen. Mit einem nassen Messer in jeden Laib der Länge nach einen Schnitt machen. Ca. 1 Stunde bis zur doppelten Größe gehen lassen.
15 bis 20 Minuten bei 275° backen. Will man keine knusprige Kruste haben, werden die Laibe nach dem Backen mit Wasser eingepinselt. Das Brot läßt sich gut einfrieren.

Weißes Landbrot

(2 Laibe)

Man kann das feine Weizenmehl gut gegen ein grobes oder gegen feines Brotmehl austauschen. Das Brot läßt sich gut einfrieren, sollte aber ohne Verpackung aufgetaut werden, sonst wird die Kruste zäh. Am besten wird es nach dem Auftauen aufgebacken.

½ l Wasser
50 g Hefe
50 ml Öl
2 TL Salz
ca. 900 g Weizenmehl

Die Hefe in einem kleinen Teil des handwarmen Wassers anrühren. Das restliche Wasser zusammen mit dem Öl, dem Salz und dem größten Teil des Mehls in die Flüssigkeit geben. Alles zu einem geschmeidigen Teig verarbeiten und ca. 15 Minuten in der Schüssel gehen lassen. Anschließend den Teig nochmals in der Teigschüssel bearbeiten und dann auf dem Backbrett mit dem Rest des Mehls so lange kneten, bis er richtig zäh ist. Den Teig halbieren und zu ovalen, flachen Laiben ausrollen. Quer auf ein eingefettetes Backblech legen, damit sie schön rundlich werden. In jeden Laib mit einem nassen Messer ein paar Schnitte machen und zu doppelter Größe aufgehen lassen.

Bei 250° ca. 15 Minuten backen. Die Brote nicht zugedeckt auskühlen lassen, damit die knusprige Kruste erhalten bleibt.

Lysekil-Laibe

(4 Laibe)

Der Sirup macht dieses lockere, poröse Brot saftig. Das Brot ist haltbar und eignet sich als Reiseproviant. Es läßt sich auch gut einfrieren.

50 g Margarine oder Butter
½ l Wasser
300 ml Milch
¾ Tasse Sirup
100 g Hefe
1 TL Salz
ca. 2 kg Weizenmehl

In einer Kasserolle die Margarine zerlassen. Wasser, Milch und Sirup zugeben. Die Hefe in einem Teil der handwarmen Flüssigkeit auflösen. Den Rest der Flüssigkeit, Salz und Mehl zugeben. Etwas Mehl zum Ausformen zurückbehalten. Den Teig in der Teigschüssel glänzend und geschmeidig arbeiten. Dann auf das Backbrett legen und den Rest des Mehls einkneten. 4 flache Laibe formen und quer in eine eingefettete, längliche Form (30 mal 40 cm) legen. Eventuell die Seiten der Laibe mit etwas Fett einpinseln, sie lassen sich dann nach dem Backen leichter trennen. Die Laibe bis knapp zur doppelten Größe gehen lassen.

Bei 175 bis 200° 30 bis 40 Minuten backen. Die Brote abkühlen lassen, bevor man sie auseinanderbricht.

Ungarische Laibe
(3 Laibe)

Ein gutes, saftiges, ungesüßtes Brot, etwas stärker gesalzen, was ihm seinen besonderen Charakter gibt. Es eignet sich für alle Arten von Belag und eignet sich hervorragend als Proviant für unterwegs.

100 g Margarine oder Butter
1,2 l lauwarmes Wasser
50 g Hefe
2½ EL Salz
ca. 2 kg Weizenmehl

Die Margarine zerlassen und das Wasser zugießen. Die Hefe in etwas Flüssigkeit anrühren. Die übrige Flüssigkeit zugeben, danach das Salz und so viel Mehl, daß es ein geschmeidiger Teig wird. Den Teig gut durcharbeiten, zuerst in der Teigschüssel und dann auf dem Backbrett. Zurück in die Teigschüssel legen und ca. 2 Stunden bei Zimmertemperatur gehen lassen. Dann auf das Backbrett legen und in 3 gleich große Laibe teilen. Quer oder längs in eine leicht gefettete, längliche Form (ca. 30 mal 40 cm) legen. Die beiden Seiten des mittleren Laibs mit etwas Fett einpinseln, damit die Laibe nicht zusammenbacken. Die Laibe 1 Stunde gehen lassen.
Bei 275° 20 Minuten backen. Dann den Backofen auf 150° herunterschalten und die Laibe weitere 25 Minuten backen. Direkt bevor sie aus dem Ofen genommen werden, mit Wasser einpinseln. Abkühlen lassen und dann auseinanderbrechen.

Gewürzlaibe
(2 Laibe)

Mal etwas anderes: ein Brot mit Zwiebel und Dill, das frisch gebacken gegessen werden sollte. Paßt ausgezeichnet zu einfachen Suppen. Belag ist nicht nötig. Wünscht man das Brot etwas gröber, kann man das feine Weizenmehl gegen ein grobes oder gegen feines Brotmehl austauschen.

100 ml Wasser
50 g Hefe
400 g Hüttenkäse
2 EL getrocknete Zwiebeln
2 EL gehackter Dill
2 TL Salz
2 Eier
ca. 550 g Weizenmehl

In handwarmes Wasser die Hefe bröseln und einrühren. Hüttenkäse, Zwiebeln, Dill, Salz und Eier dazumischen und umrühren. Das Mehl zugeben und alles zu einem geschmeidigen Teig verarbeiten. Ca. 1 Stunde gehen lassen. 2 flache Laibe ausformen und in eingefettete, längliche Formen geben. Bis knapp zur doppelten Größe gehen lassen.
Bei 175 bis 200° ca. 30 Minuten backen.

Nobisbrot

(1 Kranz)

Ein knuspriges Brot zum Auseinanderbrechen, das an Stangenweißbrot oder Baguettes erinnert. Man kann es frühzeitig vorbereiten. Der Teig geht bei niedrigen Temperaturen ausgezeichnet. Deswegen kann man ihn am Abend machen, deckt ihn mit einer Plastikfolie ab und läßt ihn in der Speisekammer oder im Kühlschrank über Nacht stehen. Am nächsten Morgen wird er wie im Rezept angegeben gebacken. Der Kranz läßt sich auch gut einfrieren.

10 g Hefe
300 ml lauwarmes Wasser
1 gehäufter TL Salz
½ Tasse Grahammehl
ca. 400 g Weizenmehl

Zum Einpinseln
Wasser

Die Hefe in dem handwarmen Wasser anrühren und das Salz zugeben. Das Mehl einarbeiten, bis ein gleichmäßiger, geschmeidiger und ziemlich fester Teig entstanden ist. Abdecken und 4 Stunden bei Zimmertemperatur gehen lassen. Dann den Teig mit der Faust flach drücken, so daß ein längliches, flaches Band entsteht und dieses wie eine Roulade zusammenrollen. Die Enden zu einem Kranz zusammenfügen. Auf dem eingefetteten Backblech 2 Stunden gehen lassen. Mit einem Messer einschneiden. 10 Minuten bei 275° backen. Das Brot aus dem Ofen nehmen und mit Wasser einpinseln. Den Ofen ausschalten und das Brot ca. 30 Minuten in der Nachwärme stehen lassen, damit die Kruste hart und knusprig

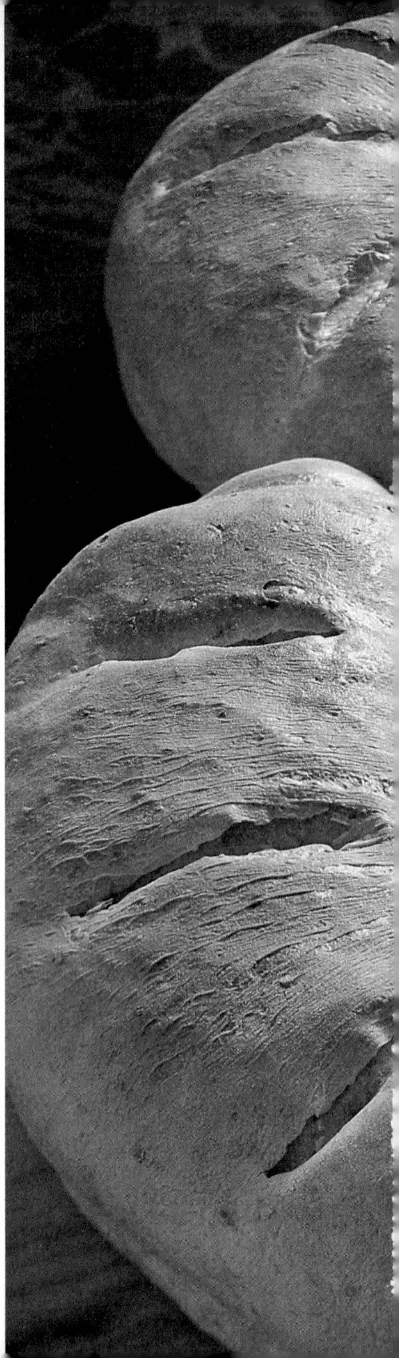

wird. Von unten durch ein untergelegtes zweites Blech isolieren. Am besten das Brot einmal umdrehen, damit es von beiden Seiten braun wird. Bei Zimmertemperatur offen liegen lassen, weil bei Verwendung von Büchsen und Plastiktüten die Kruste weich wird (siehe Bild S. 69).

Orust-Scheiben
(10 Stück)

Dieses leicht süße, weiße Teebrot wird mit Kardamom abgeschmeckt. Es eignet sich gut, mit Butter und Käse belegt, zum Kaffee oder Tee.

50 g Hefe
75 g Margarine oder Butter
½ l Milch
3–4 EL Sirup
1 TL Salz
2–3 TL feingeriebener Kardamom
ca. 500 g feines Roggenmehl
ca. 500 g Weizenmehl

Das Fett zerlassen und die Milch zugießen. Etwas von dieser handwarmen Flüssigkeit über die Hefe gießen und umrühren, bis sie sich aufgelöst hat. Den Rest der Flüssigkeit, Sirup, Salz, eventuell Kardamom und das feine Roggenmehl zugeben. Den Teig geschmeidig und glänzend arbeiten. Etwas von dem Weizenmehl zufügen. Bis knapp zur doppelten Größe gehen lassen. Weiter Mehl einarbeiten und dann auf das Backbrett geben. Zu runden, gleichmäßigen Scheiben von ca. 15 cm Durchmesser formen. Auf die eingefetteten Bleche legen. Die Scheiben mit der Gabel einstechen und gut gehen lassen.
Bei 225 bis 250° 8 bis 10 Minuten backen. Unter einem Tuch abkühlen lassen.

Kümmelkaros
(24 Stück)

Kümmel ist ein altes, allgemein bekanntes Brotgewürz, das auch Weizenbroten einen feinen Geschmack gibt.

1½ Tassen Weizenkleie
ca. 400 g Weizenmehl
1 EL zerriebener Kümmel
1 TL Salz
400 ml Milch
2 EL brauner Zucker
25 g Hefe

Zum Einpinseln
Wasser
1 EL Weizenkleie
oder
2 TL Kümmel

Die Weizenkleie und das Mehl in die Teigschüssel geben. Kümmel und Salz darüberstreuen. Die Milch zusammen mit dem braunen Zucker erwärmen. Mit etwas Flüssigkeit die Hefe anrühren, dann den Rest zugießen. Den Teig rasch zusammenarbeiten, darauf achten, daß er nicht zu zäh wird. Ausrollen und in einer eingefetteten, länglichen Form (30 mal 40 cm) bis zur doppelten Größe gehen lassen. Mit Wasser einpinseln und Kleie oder Kümmel darüberstreuen.
Bei 225° ca. 15 Minuten backen. Auf einem Gitter auskühlen lassen und dann in Quadrate schneiden.

Röstbrot
(4 Laibe)

Große, feine Brote, die sich leicht in gleich große Scheiben schneiden lassen. Sie krümeln nicht und lassen sich gut rösten.

Teig 1
2¼ Tassen Weizen- oder Haferflocken
½ l Wasser

Teig 2
ca. 1¾ kg Weizenmehl
½ Tasse Sojamehl
1 Tasse Weizenkeime
(2 EL Zucker)
1 EL Salz
100 g Hefe
1,2 l lauwarmes Wasser
100 ml Öl

Die Weizen- oder Haferflocken ca. 20 Minuten mit Wasser zu einem Brei kochen. Abkühlen lassen. Das Weizenmehl mit dem Sojamehl, den Weizenkeimen, eventuell Zucker und dem Salz in einer Teigschüssel mischen. Die Hefe in etwas Wasser anrühren und mit dem Rest des handwarmen Wassers, dem Öl, dem Teig 1 und den trockenen Zutaten vermischen. Alles zu einem geschmeidigen Teig verarbeiten. In eine eingefettete und eingemehlte, längliche Form (30 mal 40 cm) mit hohen Kanten geben. Einen Teigschaber oder ein Messer in Öl tauchen und 3 tiefe Schnitte in den Teig machen, so daß es 4 Brote werden. Etwas Öl in die Schnittstellen pinseln. Die Brote ca. 1 Stunde gehen lassen.
Bei 175 bis 200° ca. 45 Minuten backen. Vor dem Auseinanderbrechen auskühlen lassen.

Mutters Vollkornbrot
(6 Kastenbrote oder Laibe)

Ein lockeres, weißes Brot, das durch den Zusatz von ganzen Weizenkörnern und Leinsamen gut für die Verdauung ist. Das normale Weizenmehl kann gegen ein Weizenmehl mit höherer Ausmahlung, z. B. ein grobes oder ein feines Brotmehl ausgetauscht werden. Das Brot läßt sich ausgezeichnet einfrieren, ohne seine Saftigkeit zu verlieren.

100 g ganze Weizenkörner
100 g Leinsamen
1 l Wasser
100 g Hefe
2 EL Salz
1 EL Zucker
2 EL Kümmel, Fenchel oder Anis
5 EL Öl
200 g Milchpulver
ca. 1,8 kg Weizenmehl

Zum Einpinseln
Eier
Sesam

Die Weizenkörner mit dem Leinsamen in das Wasser geben und ungefähr 15 Minuten kochen. Mit kaltem Wasser verdünnen, bis die Gesamtmenge 1,5 l beträgt und abkühlen. Die Hefe in die handwarme Flüssigkeit krümeln, Salz, Zucker, Gewürze, Öl und das Milchpulver zugeben und das Mehl einarbeiten. Wenn der Teig sich von dem Rand löst, ist er ausreichend fest und somit fertig. Zu Laiben ausformen und in leicht eingeölte Formen geben. Die Brote gehen lassen. Mit geschlagenem Ei einpinseln und Sesam darüberstreuen.
Bei 200° ca. 30 Minuten backen.

Buchweizenlaibe
(2 Kastenbrote oder Laibe)

Dieses lockere, poröse Brot kann man dadurch variieren, daß man 1 Tasse zerquetschten Buchweizen unter den Teig mischt. Dieser sollte dann 2 bis 3 Stunden in der Flüssigkeit quellen. Der Teig läßt sich auch zu runden Brötchen formen.

50 g Margarine oder Butter
½ l Milch
50 g Hefe
1 TL Salz
ca. 250 g Buchweizenmehl
ca. 550 g Weizenmehl

Zum Einpinseln
Eiweiß

Das Fett zerlassen und die Milch zugießen. Die zerkrümelte Hefe in einen Teil der handwarmen Flüssigkeit geben und umrühren, bis sich die Hefe aufgelöst hat. Den Rest der Flüssigkeit, Salz und die beiden Mehlsorten zugeben. Von dem Weizenmehl etwas zum Ausformen zurückbehalten. Den Teig ca. 20 Minuten gehen lassen. Auf das Backbrett legen und den Rest des Weizenmehls einkneten. Flache Laibe formen und in eingefettete Backformen legen. Die Brote ca. 30 Minuten bis knapp zur doppelten Größe gehen lassen. Einpinseln.
Bei 200° 20 bis 30 Minuten backen.

Brot aus Grahammehl

Das **Grahammehl** wurde nach dem amerikanischen Vegetarier Graham benannt. Bei diesem Mehl handelt es sich um ein Vollkornweizenmehl, das alle Bestandteile des Weizenkorns enthält: **Kern, Keim** und **Schale.** Es besitzt keine guten Backeigenschaften und muß deshalb, wenn man ein weiches Brot backen will, immer mit gewöhnlichem Weizenmehl, am besten mit Kernweizenmehl, gemischt werden, damit man ein gutes Volumen erhält. **Grahamgraupen** werden aus dem Kern des Weizenkorns mit einem besonderen Zusatz von Keimen und Schalen hergestellt. Die Graupen können trocken in den Teig gemischt werden, wenn das Brot etwas körniger werden soll.

Grahambrötchen

(30 bis 35 Stück)

Diese Brötchen sind nicht nur gesund, sondern schmecken auch gut.

50 g Hefe
50 g Margarine oder Butter
½ l Milch
1 TL Salz
½ Tasse Weizenkleie
ca. 600 g Grahammehl
ca. 200 g Weizenmehl

Zum Einpinseln
Wasser
Weizenkleie

Das Fett zerlassen und die Milch zugießen. Diese handwarme Flüssigkeit über die zerkrümelte Hefe gießen und Salz und Weizenkleie zugeben. Nach und nach das Grahammehl einarbeiten, so daß der Teig glatt und fest wird. 1 Stunde gehen lassen. Den Rest des Mehles zugeben und den Teig auf dem Backbrett kneten. Dann den Teig halbieren und zu 2 Rollen formen. Diese in gleich große Stückchen schneiden, auf dem Blech auf die Kante stellen und gehen lassen. Mit Wasser einpinseln und etwas Kleie daraufstreuen.
Bei 250° 10 Minuten backen.

Grahambrötchen mit Sojamehl
(ca. 50 Stück)

Bei diesen fülligen Grahambrötchen wird durch das Sojamehl der Proteingehalt erhöht. Man kann sie auch als 2 Kastenbrote backen. Bevor sie angeschnitten werden, sollten sie ein paar Tage stehen.

1 l saure Milch
50 g Hefe
ca. 1,2 kg Grahammehl
1½ Tassen Sojamehl
100 g Leinsamen
½ EL Anis
½ EL Fenchel

Zum Einpinseln
Wasser

Etwas von der sauren, handwarmen Milch auf die zerkrümelte Hefe gießen und rühren, bis sich die Hefe aufgelöst hat. Die restliche Milch und die übrigen Zutaten zugeben. Zu einem Teig arbeiten. Auf das Backbrett geben und ihn geschmeidig arbeiten. Aufteilen und zu Brötchen formen. Auf Bleche legen und knapp bis zur doppelten Größe gehen lassen.
Ca. 10 Minuten bei 250° backen. Sobald die Brötchen aus dem Ofen kommen, mit warmem Wasser einpinseln.

Cranks Grahambrötchen
(ca. 25 Stück)

Cranks vegetarisches Restaurant in London hat viel Interessantes zu bieten. Nicht zuletzt, wenn es um kräftiges, grobes Brot geht. Das Weizenmehl kann man gegen Brotmehl aus Weizen oder gegen grobes Mehl austauschen.

½ l Wasser
50 ml Öl
50 g Hefe
2 TL Salz
½ Tasse Weizenkleie
ca. 600 g Grahammehl
ca. 500 g. Weizenmehl

Zum Einpinseln
saure Milch oder Wasser

Etwas von dem handwarmen Wasser auf die zerkrümelte Hefe gießen und umrühren, bis die Hefe aufgelöst ist. Das restliche Wasser, Öl, Salz, Kleie, Grahammehl und gut ⅔ des Weizenmehls zugeben. Den Teig geschmeidig arbeiten. Ca. 30 Minuten gehen lassen. Dann auf das Backbrett legen, den Rest des Mehls einkneten und kleine, flache, ovale Brötchen formen. Auf das Blech legen. Ca. 30 Minuten bis knapp zur doppelten Größe gehen lassen. Mit etwas saurer Milch oder Wasser einpinseln.
Bei 225° 8 bis 10 Minuten backen.

Grahambrötchen mit Käse
(20 Stück)

Diese kleinen, mit Kleie bestreuten Brötchen verdanken ihren besonders guten Geschmack und ihre Saftigkeit dem in den Teig gemischten geriebenen Käse. Außer etwas Fett brauchen sie keinen Aufstrich.

75 g Margarine oder Butter
300 ml Milch
50 g Hefe
1 Tasse geriebenen Käse mit starkem Geschmack
1 TL Salz
ca. 250 g Grahammehl
ca. 200 g Weizenmehl

Zum Einpinseln
Wasser
Weizenkleie

Das Fett zerlassen, die Milch zugießen. Die zerkrümelte Hefe mit einem Teil der handwarmen Flüssigkeit anrühren. Die restliche Flüssigkeit auffüllen. Käse, Salz, Grahammehl und die Hälfte des Weizenmehles zugeben und zusammenarbeiten. Den Teig gut zugedeckt ca. 30 Minuten gehen lassen. Den Rest des Weizenmehls einarbeiten und den Teig geschmeidig kneten. In 20 Stücke teilen und jedes Teil zu einem runden Brötchen rollen. Auf das Backblech legen und etwas flach drücken. Mit einem nassen Messer in jedes Brötchen ein tiefes Kreuz schneiden. Ca. 20 Minuten bis fast zur doppelten Größe gehen lassen. Mit Wasser einpinseln und Weizenkleie darüberstreuen.
Ca. 7 Minuten bei 250° backen.

Norwegische Grobbrötchen
(ca. 20 Stück)

Saftige, grobe Brötchen, die in Geschmack und Konsistenz an das norwegische Grobbrot erinnern. Die Weizenflocken können gegen Weizenkörner ausgetauscht werden. Bevor man sie in den Teig mischt, müssen sie einige Stunden in handwarmem Wasser quellen.

½ l Wasser
1 EL Öl
½ Tasse Weizenflocken
50 g Hefe
200 g Hüttenkäse
2–3 TL Salz
ca. 600 g Grahammehl
ca. 250 g Weizenmehl

Zum Einpinseln
Wasser
Grahammehl

Das Wasser zusammen mit dem Öl aufkochen. Über die Flocken gießen und langsam abkühlen lassen. Die zerkrümelte Hefe dazugeben und so lange umrühren, bis sie ganz aufgelöst ist. Den Hüttenkäse, Salz, Grahammehl und den größten Teil des Weizenmehles dazumischen. Den Teig 1 Stunde gehen lassen. Dann auf das leicht mit Mehl bestreute Backbrett legen und geschmeidig kneten. In gleich große Stücke teilen und zu ovalen Brötchen formen. Auf die Backbleche legen. Bis zur doppelten Größe gehen lassen. Mit Wasser einpinseln. Etwas Grahammehl sieben und »das Grobe« darüberstreuen.
Bei 225° ca. 20 Minuten backen.

Gunnels Gesundheitsbrötchen

(ca. 30 Stück)

Diese kleinen, groben Brötchen haben interessante und ungewöhnliche Zutaten. Buchweizen, Leinsamen und zerquetschter Weizen zählen ja nicht zum täglichen Essen. Hier geben sie den Brötchen ihren eigenen Charakter. Man muß die groben Graupen über Nacht quellen lassen, bevor man sie in den Teig gibt.

1 l Wasser
1½ Tassen ganze Buchweizengraupen
1 Tasse gequetschter Weizen
100 g Leinsamen
150 g Rosinen
50 g Hefe
¼ l lauwarmes Wasser
1 TL Salz
2 TL Kümmel
1 Tasse Sojamehl
ca. 600 g Grahammehl
ca. 300 g Weizenmehl

Zum Einpinseln
saure Milch oder Wasser

Das Wasser aufkochen und über Buchweizengraupen, Weizen, Leinsamen und Rosinen gießen. 8 bis 10 Stunden quellen lassen. Die Hefe in dem lauwarmen Wasser anrühren. Mit den Gewürzen und den eingeweichten Zutaten verarbeiten. Soja-, Graham- und etwas Weizenmehl zugeben und zu einem festen Teig kneten, auf dem Backbrett zu runden oder länglichen, etwas flach gedrückten Brötchen formen. Auf Bleche legen und knapp bis zur doppelten Größe gehen lassen. Mit etwas saurer Milch oder Wasser einpinseln.
Bei 275° ca. 10 Minuten backen.

Grahamküchlein

(ca. 10 kleine Teeküchlein oder 2 große)

Grahambrot ist reich an Ballaststoffen. Kleine Teeküchlein krümeln weniger als große. Der Sirup läßt sich gegen Zucker, Honig oder 100 g Rosinen austauschen.

¼ l Milch
50 ml Öl
25 g Hefe
¾ TL Salz
(1 EL Sirup)
ca. 200 g Grahammehl
ca. 200 g Weizenmehl

Die zerkrümelte Hefe zu der handwarmen Milch gießen. Umrühren, bis sich die Hefe aufgelöst hat. Öl, Salz und eventuell Sirup zugeben. Beide Mehlsorten einarbeiten. Von dem Weizenmehl etwas zum Ausformen zurückbehalten. Den Teig ca. 30 Minuten gehen lassen. Auf ein leicht eingemehltes Backbrett geben und einige Minuten kneten. Formen zu:
Kleinen Teeküchlein: Den Teig zu einem gleichmäßig dicken Laib formen und in Stücke schneiden, diese dann zu runden Küchlein formen. Wenn sie auf das Blech gelegt werden, werden sie mit der Hand flach gedrückt.
Großen Teeküchlein: Den Teig zu 2 runden Bällchen formen. Auf ca. 15 cm Durchmesser ausrollen. Eventuell mit einem Schnapsglas ein Loch in der Mitte ausstechen. Auf das Blech legen. Mit der Gabel Löcher einstechen. Ca. 30 Minuten gehen lassen.
Die kleinen Teeküchlein ca. 8 Minuten bei 250°, die großen ca. 15 Minuten bei 225° backen.

Grobe Grahamplätzchen
(ca. 15 Stück)

Richtig grobe Grahamplätzchen, die am besten schmecken, wenn sie frisch gebacken sind. Damit sie sich saftig und weich halten, sollten sie aufeinander gestapelt und mit einem Tuch abgedeckt werden, dann bleibt die Feuchtigkeit erhalten.

50 g Hefe
½–¾ TL Salz
½ l Wasser
ca. 350 g Grahammehl
ca. 200 g Roggenmehl
ca. 150 g Weizenmehl

Hefe und Salz in die Teigschüssel geben. In einem Teil der handwarmen Flüssigkeit die Hefe auflösen, dann den Rest zufügen. Die beiden groben Mehlsorten dazumischen. Geschmeidig arbeiten. Eventuell etwas Weizenmehl zusetzen. Den Teig mit Mehl überstreuen und ca. 30 Minuten gehen lassen. Auf das Backbrett geben und kneten. In 15 Stücke teilen und zu dünnen Plätzchen ausrollen. Mit der Gabel reichlich Löcher einstechen und die Plätzchen auf das Blech legen. Etwas gehen lassen.
Bei 225° bis 250° ca. 4 Minuten backen.

Björns Korianderbrötchen
(ca. 20 Stück)

Ein nahrhaftes, gutes Brötchen, das seinen herrlichen Geschmack dem Koriander verdankt. Das Weizenmehl kann gegen ein grobes oder feines Brotmehl ausgetauscht werden. Joghurt läßt sich durch saure Milch oder saure Sahne ersetzen.

75 g Margarine oder Butter
250 g Joghurt
50 g Hefe
1½–2 EL Koriander
1 TL Salz
1 TL Zucker
ca. 200 g Grahammehl
ca. 150 g Weizenmehl

Das Fett zerlassen und Joghurt zugeben. Darauf achten, daß diese Flüssigkeit handwarm ist. Koriander, zusammen mit Salz und Zucker, in einem Mörser zerreiben. Mit der zerkrümelten Hefe mischen. Die Flüssigkeit und beide Mehlsorten zugeben, von dem Weizenmehl jedoch etwas zum Ausformen zurückbehalten. Der Teig soll ziemlich fest sein. Ca. 30 Minuten gehen lassen. Dann auf das Backbrett legen. Das restliche Mehl einkneten und den Teig zu einer dikken, viereckigen Platte formen. In eine kleine, eingefettete Bratpfanne oder auf ein Blech legen. Mit einem in Mehl getauchten Messer genügend große Stücke einschneiden und »Bruchkanten« machen. Den Teig ca. 20 Minuten gehen lassen.
Auf der Mittelschiene bei 225° ca. 20 Minuten backen. Das Brot unter einem leicht angefeuchteten Tuch abkühlen lassen und auseinanderbrechen.

Partybrötchen mit Graham

(ca. 20 Stück)

Eine rationelle Art, kleine Brötchen zu backen. Es sind saftige, nahrhafte Brötchen, die man mit Butter und Käse zu Suppen und Salaten reichen kann.

50 g Margarine oder Butter
400 ml Wasser
(2 TL gemahlene Pomeranzenschale)
3–4 EL Sirup
50 g Hefe
ca. 450 g Grahammehl
1 TL Salz
ca. 250 g Weizenmehl

Zum Einpinseln
1 EL Öl oder flüssige Margarine

Das Fett in einer Kasserolle zerlassen, Wasser, (Pomeranzenschale) und Sirup zugeben. Mit einem Teil dieser handwarmen Flüssigkeit die Hefe anrühren, dann den Rest zugießen. Grahammehl und Salz zugeben. Fast das gesamte Weizenmehl einarbeiten und den Teig glänzend und geschmeidig schlagen. Gut 30 Minuten gehen lassen. Auf das Backbrett geben und zu einer gleichmäßigen, dicken Rolle formen. In 20 gleich große Stücke schneiden. Eine große runde Form einfetten und die Teigstückchen mit der Schnittfläche nach oben hineinlegen. Zwischen die Brötchen etwas Öl oder flüssiges Fett streichen. Gehen lassen, bis sie fast doppelt so groß geworden sind.
Bei 225° ca. 15 Minuten backen.

Sesamkaros

(ca. 50 Stück)

Ein gutes Brot mit dem feinen Geschmack von Sesam.

50 g Hefe
½ l lauwarmes Wasser
3 EL Öl
½ EL Salz
5 EL Sesam
½ EL Anis
ca. 350 g Grahammehl
ca. 400 g Weizenmehl

Zum Einpinseln
ca. 1 EL Honig
Wasser

Die Hefe in einem Teil des Wassers anrühren. Dann das restliche Wasser, Öl, Salz, die Hälfte des Sesams, Anis und den größten Teil des Mehls zugeben. Zum Ausformen etwas zurückbehalten. Alles zu einem Teig vermischen und 30 bis 40 Minuten zur doppelten Größe gehen lassen. Den Teig eine Weile bearbeiten und dann halbieren. Jedes Teil ausrollen, groß genug, um ein Backblech zu bedekken. Vierecke von ca. 8 mal 8 cm ausrädeln oder -schneiden. Den ausgerollten Teig nochmals gehen lassen. Danach mit Honigwasser einpinseln und den Rest des Sesams darüberstreuen.
Bei 275° 5 bis 6 Minuten backen. Das Brot erst abkühlen lassen und dann in Stücke brechen.

Grahamlaibe
(3 Stück)

Grahambrot ist ein gutes, grobes Brot, das leider leicht krümelt. Man kann das verhindern, indem man das Mehl brüht. Gut die Hälfte der Teigflüssigkeit wird aufgekocht und über das Grahammehl gegossen. Dann läßt man dies auf ca. 28° abkühlen. Man kann die Mischung auch ein paar Stunden stehen lassen.

75 g Margarine oder Butter
¾ l Milch
75 g Hefe
3 TL Salz
3 EL Sirup
ca. 850 g Grahammehl
ca. 400 g Weizenmehl

Zum Einpinseln
Eier
Grahammehl

Das Fett zerlassen und die Milch zugießen. Die zerkrümelte Hefe in einem Teil der Flüssigkeit auflösen. Die restliche Flüssigkeit, Salz, Sirup und Grahammehl zugeben. So viel Weizenmehl zugeben, daß der Teig geschmeidig wird. Knapp bis zur doppelten Größe gehen lassen. Auf dem Backbrett das restliche Mehl einkneten. Dann in 3 Stücke teilen. Zu flachen glatten Laiben formen. Eventuell zwischen die Laibe etwas Öl oder zerlassenes Fett pinseln. Die Laibe ca. 30 Minuten auf dem Blech gehen lassen. Mit geschlagenem Ei einpinseln. Etwas Grahammehl sieben und das grobe Mehl, das in dem Sieb zurückbleibt, über die Laibe streuen.
Bei 200° 20 bis 30 Minuten backen.

Nyttings Brot
(2 Kastenbrote)

Ein saftiges Brot für unterwegs, das zusätzliches Protein durch den mitgebackenen Käse enthält. Er gibt dem Grahammehl auch das Fett, das notwendig ist, damit das Brot nicht krümelt.

½ l Wasser
50 g Hefe
100 g Hüttenkäse
1 EL Salz
ca. 450 g Grahammehl
ca. 300 g Weizenmehl

Zum Einpinseln
Wasser
Grahammehl oder Weizenkleie

Zur zerkrümelten Hefe das handwarme Wasser gießen und die Hefe auflösen. Den Hüttenkäse zugeben und gut umrühren. Salz, Grahammehl und gut die Hälfte des Weizenmehls zugeben und verarbeiten. Den Teig 30 Minuten gehen lassen. Den Rest des Mehls einarbeiten. Auf dem Backbrett den Teig geschmeidig kneten. Teilen und 2 flache Laibe formen. In eingefettete Backformen geben. Ca. 30 Minuten bis knapp zur doppelten Größe gehen lassen. Leicht mit Wasser einpinseln. Etwas grobes Grahammehl oder Kleie darüberstreuen.
Ca. 30 Minuten bei 175° backen.

Leinsamenbrötchen
(ca. 20 Stück)

Diese Brötchen eignen sich auch ohne Butter gut zum Kaffee oder Tee. Die Feigen kann man gegen 10 Backpflaumen austauschen. Das Weizenmehl sollte am besten etwas gröber sein, wie z. B. Brotmehl aus Weizen.

8 Feigen
3–4 EL Leinsamen
½ l Wasser
50 g Hefe
½ TL Salz
ca. 400 g Grahammehl
ca. 250 g Weizenmehl

Die Feigen in Stücke schneiden und zusammen mit dem Leinsamen in eine Kasserolle geben. Das Wasser zugießen und alles 5 Minuten kochen. In eine Teigschüssel schütten. In der handwarmen Flüssigkeit die Hefe auflösen. Das Salz und die beiden Mehlsorten zugeben. Den Teig gut bearbeiten, zuerst in der Teigschüssel, dann auf dem Backbrett. Zu einem langen Laib formen und in gleich große Stücke teilen. Etwas flach drükken und auf die Bleche legen. Ca. 45 Minuten gehen lassen.
10 bis 12 Minuten bei 225° backen (siehe Bild rechts).

Grahambrot mit Kartoffeln
(2 Kastenbrote)

Grahambrot krümelt leicht, wenn Fett fehlt. Hier leisten die Kartoffeln den gleichen Dienst wie Fett. Sie machen das Brot saftig. Am besten schmeckt das Brot, wenn es erst nach einigen Tagen angeschnitten wird.

4 mittelgroße, gekochte Kartoffeln
300 ml Wasser
½–1 TL Salz
2 TL Zucker
50 g Hefe
ca. 350 g Grahammehl
ca. 400 g Weizenmehl
2 EL Anis und Fenchel
oder 3 EL Orangeat (gehackt)

Zum Einpinseln
Wasser

Die gekochten Kartoffeln pressen. Das handwarme Wasser mit den Kartoffeln, Salz, Zucker und Hefe vermischen. Zuerst das Grahammehl zugeben, dann einen Teil des Weizenmehls und die Gewürze. Den Teig auf das Backbrett geben und den Rest des Weizenmehls einarbeiten. Geschmeidig und fein kneten. Halbieren und zu 2 Laiben formen. In eingefettete und eingemehlte Formen legen. Bis zur doppelten Größe gehen lassen.
Bei 200° ca. 50 Minuten, bzw. bis sie eine schöne Farbe haben und sich leicht anfühlen, backen. Mit kaltem Wasser einpinseln.

Dänisches Grahambrot
(2 Laibe)

Dies ist ein kräftiges, sättigendes Grahambrot mit Sojamehl und Öl.

50 g Hefe
100 ml lauwarmes Wasser
½ l saure Milch
1 EL Öl
2–3 TL Salz
½ Tasse Sojamehl
ca. 450 g Grahammehl
ca. 250 g Weizenmehl

Zu der zerkrümelten Hefe Wasser gießen und umrühren, bis sich die Hefe aufgelöst hat. Milch und Öl zugießen. Danach Salz, Soja- und Grahammehl zugeben. Den Teig kräftig durcharbeiten und nach und nach das Weizenmehl dazumischen. Den Teig ca. 45 Minuten gehen lassen. Auf das Backbrett geben und den Rest des Weizenmehls einkneten. Zu 2 flachen Laiben formen. Auf ein Backblech oder in eine längliche Form legen. Ca. 20 Minuten gehen lassen. Eventuell mit einem nassen Messer ein paar tiefe Schnitte schräg über die Laibe machen.
Bei 200° ca. 30 Minuten backen.

Irländisches Grahambrot

(2 Kastenbrote)

Es handelt sich hier um ein ganz anderes Grahambrot mit abgerundetem, vollem Geschmack. Das Rezept stammt aus Irland, wo jeder sein eigenes Rezept hat.

ca. 800 g Grahammehl
3 TL Salz
3–4 EL dunkler Sirup
600 ml handwarmes Wasser
50 g Hefe

Mehl und Salz in einer großen Schüssel mischen. Den Sirup und einen Teil des Wassers in eine kleine Schüssel geben. Die Hefe hineinkrümeln und umrühren. Die Schüssel an einen warmen Platz, neben den Herd, stellen. Nach ca. 5 Minuten kontrollieren, ob die Hefe zu wirken angefangen hat. Die Mischung muß eine schaumige Oberfläche bekommen haben. In diesem Fall kräftig umrühren. Die Hefelösung und das restliche Wasser in das Mehl mischen. Den ziemlich weichen Teig in eingefettete Backformen gießen. Zum Gehen ca. 30 Minuten zugedeckt an einen warmen Platz stellen.
Bei 200 bis 225° ca. 45 Minuten backen. Die Brote müssen eine schöne Farbe haben und hohl klingen, wenn man daran klopft.

Brot aus Roggenmehl

Roggen war früher eine der wichtigsten Getreidearten, heute macht er nur noch einen kleinen Teil des Brotgetreides aus. Da Roggen kein Gluten (Kleber) wie der Weizen bildet (siehe S. 41), hat er schlechte Backeigenschaften. Will man ihn zu weichem Brot verarbeiten, muß man Weizen zusetzen, Roggenmehl gibt es in verschiedenen Ausmahlungsgraden. **Feines Roggenmehl** besteht aus dem ganzen Korn. Es wird feiner als extra grobes Roggenmehl gemahlen. Darüber hinaus gibt es **Roggenflocken,** die aus leicht zerquetschten Roggenkörnern bestehen. Man kann sie direkt oder leicht in Wasser gequollen unter den Teig mischen, um ihm eine gröbere Konsistenz zu geben. **Roggenthermogrütze** besteht aus dampfgekochten, gepressten Roggenkörnern. Sie werden am besten trocken mit dem Mehl vermischt oder zur Garnierung über das ausgeformte Brot gestreut.

Roggenteilchen

(ca. 16 Stück)

Ein kräftiges, sättigendes Brot, das sich gut als Butterbrot für unterwegs eignet. Den Sirup kann man zwar weglassen, aber das Brot wird durch ihn poriger und geht auch etwas besser auf.

50 g Margarine
½ l Wasser
2 EL Sirup
50 g Hefe
1 TL Salz
ca. 400 g grobes Roggenmehl
ca. 500 g Weizenmehl

Zum Einpinseln
Wasser

Das Fett in einer Kasserolle zerlassen. Wasser und Sirup zusetzen. Die zerkrümelte Hefe in einem Teil der handwarmen Flüssigkeit auflösen. Die restliche Flüssigkeit, Salz, Roggen- und Weizenmehl zugeben. Den Teig geschmeidig arbeiten. Ca. 45 Minuten gehen lassen. Auf dem Backbrett einige Minuten kneten. Ausrollen und in eine eingefettete Form von ca. 30 mal 40 cm legen. Mit einem leicht mit Butter oder Öl bestrichenen Messer 16 gleichgroße Stücke einritzen, sie lassen sich dann nach dem Backen leicht auseinanderbrechen. Ca. 1 Stunde gehen lassen.
Bei 200° ca. 25 Minuten backen. Kurz bevor sie fertig sind, mit Wasser einpinseln. Bevor sie auseinandergebrochen werden, unter einem Tuch auskühlen lassen.

Grobe Roggenkringel

(2 Ringe)

Dünne Roggenringe, die nicht auseinander geschnitten werden. Man kann hier ein extra grobes Roggenmehl verwenden, doch muß man dann zuerst das Weizenmehl zusetzen, sonst werden die Plätzchen zu flach.

50 g Hefe
½ l saure Milch
1 TL Salz
ca. 400 g Roggenmehl
½ Tasse Weizenkleie
ca. 250 g Weizenmehl

Zum Einpinseln
Wasser

Die Hefe in einem Teil der Milch anrühren. Die restliche Milch, Salz und die verschiedenen Mehlsorten zugeben. Den Teig ca. 30 Minuten gehen lassen. Auf das Backbrett geben und geschmeidig kneten. Halbieren und 2 Ringe formen. Auf dem eingefetteten Backblech mit der Gabel Löcher einstechen und die Ringe zur doppelten Größe aufgehen lassen. Mit Wasser einpinseln.
Ca. 15 Minuten bei 200° backen (siehe Bild unten).

Mölarps Roggenkringel

(ca. 12 Kringel)

Man ißt die Kringel am besten nur mit Butter und Salz.

ca. 1,4 kg Roggenmehl
ca. 300 g Weizenmehl
1–1¼ EL Salz
100 g Hefe
1 l lauwarme Milch
1 l lauwarmes Wasser
ca. 800 g gesichtetes Roggenmehl

Roggenmehl, Weizenmehl und Salz in die Teigschüssel geben. Mit etwas Flüssigkeit die Hefe anrühren. Die Hefemischung und den Rest der Flüssigkeit über das Mehl gießen. Einen Teig kneten und ungefähr ⅔ des Roggenmehls zufügen. Der Rest des Roggenmehls wird zum Ausformen zurückbehalten. Den Teig abdecken und 30 Minuten gehen lassen. Dann auf das Backbrett geben und von neuem kneten. Ausrollen und mit einer Form Kringel ausstechen. (Die Kringel so groß machen, daß je 2 und 2 auf das Blech gehen.) Mit der Gabel oder einem Brotstachel Löcher einstechen und die Kringel auf ein Tuch legen.
Den Ofen auf 275° vorheizen. Sobald die Kringel gegangen sind, werden sie nochmals mit Löchern versehen und dann zuerst auf den Boden des Ofens gesetzt (Gitter wegnehmen). Nach ein paar Minuten hat die Unterseite Farbe angenommen und ist etwas körnig geworden. Jetzt werden die Kringel auf ein Blech gelegt und auf die zweite Schiene von unten geschoben. Ca. 10 Minuten backen, bis sie Farbe haben. Unter einem Tuch auskühlen lassen. Alle Kringel rasch hintereinander ausbacken.

Roggenbrötchen

(40 bis 50 Stück)

Roggenbrötchen mit leicht süßem Geschmack, der von dem Sirup und der Apfelsinenschale herrührt. Falls man ungesüßte Brötchen haben will, kann man natürlich beides weglassen. Statt Milchpulver und Wasser kann man 1 l Milch nehmen. Will man richtig grobe Brötchen haben, nimmt man ein besonders grobes Roggenmehl.

100 g Hefe
100 g Margarine oder Butter
1 l Wasser
2 TL Salz
40 g gehacktes Orangeat
5–6 EL Sirup
100 g Weizenkleie oder Weizenkeime
1½ Tasse Milchpulver
ca. 700 g Roggenmehl
ca. 750 g Weizenmehl

Zum Einpinseln
Wasser
Weizenkleie oder -keime

Das Fett zerlassen und das Wasser zugießen. Erwärmen. Diese handwarme Flüssigkeit auf die Hefe gießen und Salz, Orangeat, Sirup, Weizenkleie oder -keime und Milchpulver zugeben. Nach und nach das Roggenmehl und einen Teil des Weizenmehls einarbeiten, so daß der Teig glatt und fest wird. 1 Stunde gehen lassen. Zu kleinen Brötchen formen, kreuzförmig einschneiden. Auf dem Blech gehen lassen. Mit Wasser einpinseln und Kleie oder Keime daraufstreuen.
Bei 225 bis 250° 10 Minuten backen.

Weihnachtsbrötchen

(ca. 48 kleine Brötchen)

Die Brötchen erinnern im Geschmack etwas an die Upplandskloben, sind aber nicht so süß. Statt kleine Brötchen zu formen, kann man den Teig auch in 2 eingefettete Formen von ca. 20 mal 34 cm geben. In diesem Fall muß man die »Brote« ca. 20 Minuten backen. Sobald sie ausgekühlt sind, schneidet man sie in Stücke.

100 g Margarine oder Butter
knapp 1 Tasse Glühwein
300 ml alkoholarmes Bier
1,3 l Wasser
100 g Hefe
1 TL Salz
ca. 1,4 kg Roggenmehl
ca. 2 kg Weizenmehl

Das Fett zerlassen. Den Glühwein, das Bier und das Wasser zugießen. In einem Teil dieser handwarmen Flüssigkeit die Hefe anrühren. Die restliche Flüssigkeit, Salz und Roggenmehl zugeben. Nach und nach das Weizenmehl einarbeiten, bis der Teig seine richtige Konsistenz hat. Ca. 20 Minuten gehen lassen. Auf das Backbrett geben und durchkneten. Längliche Brötchen formen und auf die Bleche legen. Oder den Teig halbieren und in eine eingefettete Form von ca. 20 mal 34 cm drücken. Die Brote, die in der Form gebacken werden, einstechen. 30 Minuten gehen lassen.
Bei 250° die Brote 20 Minuten, die kleinen Brötchen 10 Minuten backen. Die »Brote« in rechteckige Stücke schneiden, sobald sie ausgekühlt sind.

Kloben
(1 Brot)

Ein Kloben ist ein gekochtes Brot, d. h. der Teig wird in eine zugedeckte Form gegeben, die dann in kochendes Wasser gestellt wird. Dieses Brot stammt aus Uppland (nördlich von Stockholm). Am besten schmeckt es zum Tee oder Kaffee, in dünne Scheiben geschnitten, mit Butter und Käse belegt.

600 ml Wasser
1 Tasse Sirup
100 g Hefe
ca. 750 g Roggenmehl
1½ TL Salz
ca. 400 g Weizenmehl

Das Wasser und den Sirup mischen. Mit einem Teil dieser handwarmen Flüssigkeit die Hefe anrühren und dann den Rest des Sirupwassers zugießen. Das Roggenmehl und das Salz einrühren. Nach und nach das Weizenmehl zugeben. Den Teig weich, geschmeidig und glatt arbeiten. Eine hohe, gerade Form mit Deckel von ungefähr 20 cm Durchmesser, die gut 3 l faßt, einfetten und mit Mehl bestreuen. Den Teig hineingeben. Er sollte die Form nicht mehr als bis zur Hälfte füllen. Bis fast zur doppelten Größe gehen lassen. Den eingefetteten und mit Mehl bestreuten Deckel oder eine Alufolie darauflegen.
Das Brot im Wasserbad 5 Stunden kochen. Das Wasser darf bis zu ⅔ der Höhe der Form reichen, aber nicht in die Form rinnen. Das fertige Brot umstülpen und in ein Tuch gewickelt abkühlen lassen. In 4 Stücke teilen (Dreiecke).

Sabinabrot
(2 Kastenbrote)

Ein kräftiges Roggenbrot mit einem schwachen Geschmack von Sirup, der das Brot saftig macht. Verringert man seinen Anteil, muß etwas Fett zugesetzt werden, damit das Brot nicht trocken wird. Es sollte erst nach einigen Tagen angeschnitten werden.

½ l Wasser
3–4 EL Sirup
1–2 EL Essig
1–2 TL Salz
75 g Hefe
ca. 450 g grobes Roggenmehl
ca. 400 g Weizenmehl

Zum Einpinseln
warmes Wasser

Wasser, Sirup und Essig mischen und leicht erhitzen. Das Salz zugeben. Die zerkrümelte Hefe in einem Teil dieser Flüssigkeit auflösen. Die restliche Flüssigkeit, das Roggenmehl und reichlich die Hälfte des Weizenmehls zugeben. 30 Minuten bis 1 Stunde gehen lassen. Auf das Backbrett nehmen und den Rest des Weizenmehls einkneten. Den Teig zu 2 flachen Laiben formen und in eine eingefettete Backform geben. Bis fast zur doppelten Größe gehen lassen.
Bei 175° ca. 1 Stunde backen. Nach dem Backen die Brote mit Wasser einpinseln.

Birgittas Feigenbrot
(2 Kastenbrote)

Ein Brot, wie geschaffen für einen trägen Magen und für alle, die den etwas süßen Geschmack der Feigen lieben. Das Brot sollte 24 Stunden liegen, bevor man es anschneidet. Auch ohne Butter schmeckt es gut.

300 ml Wasser
300 ml entrahmte Milch
50 g Hefe
7 Feigen
3–4 EL Leinsamen
½ TL Salz
50 ml Maisöl
½ Tasse Weizenkeime
ca. 250 g Grahammehl
ca. 250 g grobes Roggenmehl
ca. 450 g Weizenmehl

Wasser und Milch mischen. In einem Teil dieser handwarmen Flüssigkeit die Hefe anrühren. Die restliche Flüssigkeit zugießen. Die Feigen in Stücke schneiden. Zusammen mit den übrigen Zutaten in die Flüssigkeit geben. Etwas von dem Weizenmehl zum Ausformen zurückbehalten. Den Teig gut durcharbeiten. Ca. 30 Minuten gehen lassen.
Bei 175° 50 bis 60 Minuten backen (Siehe Bild S. 80).

Brennessellaibe
(3 Kastenbrote)

Ein gutes, protein- und eisenreiches Brot, das, bevor es angeschnitten wird, 24 Stunden liegen sollte. Wir haben getrocknete Brennesseln genommen, frischgepflückte lassen sich natürlich genausogut verwenden.

50 g Margarine oder Butter
800 ml Wasser
50 g Hefe
1 EL Kümmel
1 EL Salz
2 Eier
1 Tasse getrocknete Brennesseln
ca. 200 g Roggenmehl
1 Tasse Weizenkeime
1 Tasse Weizenkleie
ca. 550 g gesichtetes Roggenmehl
ca. 450 g Weizenmehl

Das Fett zerlassen und das Wasser zugießen. In einem kleinen Teil davon die Hefe auflösen, dann die restliche Flüssigkeit zufügen. Den Kümmel zusammen mit dem Salz zerreiben und mit den übrigen Zutaten zugeben. Den Teig gut durcharbeiten und ca. 20 Minuten gehen lassen. Dann auf das Backbrett geben und einige Minuten kneten. 3 Laibe formen und in eingefettete Formen legen. Die Laibe noch 30 bis 40 Minuten gehen lassen. Ca. 1 Stunde bei 200° backen.

Dunkle Dalarölaibe
(4 Stück)

Das ursprüngliche Rezept dieser dunklen, etwas süßen, aber saftigen Brote stammt von einer kleinen Bäkkerei auf Dalarö (einer Insel östlich von Stockholm). Der Sirup hat 2 Aufgaben: dem Brot seinen Geschmack zu geben und es saftig zu machen.

1 l Wasser
1 Tasse dunkler Sirup
2 TL Salz
1–2 EL Zuckercouleur (Soja)
2 TL zerriebener Kümmel
150 g Hefe
ca. 850 g grobes Roggenmehl
ca. 800 g Weizenmehl

Wasser und Sirup mischen und erwärmen. Salz, Zuckercouleur (Soja), Gewürze und Hefe zusetzen. Mit dem Roggenmehl und der Hälfte des Weizenmehles zu einem ziemlich festen Teig kneten. Dann gehen lassen. Auf das Backbrett geben und den Rest des Weizenmehls einarbeiten. Der Teig soll so fest sein, daß er seine Form behält, wenn er auf dem Backbrett liegt. In 2 Stücke teilen und diese zu Laiben ausrollen. In eine eingefettete Form geben und gehen lassen. Zwischen die Brote etwas ausgelassenes Fett pinseln; sie lassen sich dann nach dem Backen leicht auseinanderbrechen.
Bei 175° ca. 1 Stunde backen.

Dänisches Roggenbrot
(3 Kastenbrote)

Ein kräftiger Roggenlaib, der mit kalter Flüssigkeit gemacht wird. Durch das Kartoffelmehl läßt sich das Brot schneiden, ohne zu krümeln. Das Brot sollte vor dem Anschneiden einige Tage liegen.

150 g Hefe
2 Flaschen (à 0,33 l) dunkles Bier
300 ml kaltes Wasser
3–4 l Essigessenz
½ Tasse Sirup
3 TL Salz
ca. 1 kg grobes Roggenmehl
ca. 100 g Kartoffelmehl
ca. 550 g Weizenmehl

Zu der zerkrümelten Hefe das Bier gießen und rühren, bis sich die Hefe aufgelöst hat. Danach Wasser, Essigessenz, Sirup, Salz, Roggen- und Kartoffelmehl sowie die Hälfte des Weizenmehls zugeben. Den Teig ca. 1 Stunde gehen lassen. Auf das Backbrett geben und den Rest des Weizenmehles einarbeiten. 3 glatte Laibe ohne Risse aus dem Teig formen und in die eingefetteten Formen geben. Die Brote ca. 1 Stunde gehen lassen. Mit der Gabel leicht einstechen.
Bei 250° 15 Minuten backen. Danach den Backofen auf 175° einstellen und weitere 45 Minuten backen. Die Brote eingewickelt abkühlen lassen.

Sunnerbokringel
(ca. 50 Stück)

Gute, etwas süße Kringel, die man anstelle von süßen Brötchen mit Butter und Honig zum Nachmittagskaffee reichen kann. Durch das Hirschhornsalz haben sie eine etwas kürzere Haltbarkeit.

100 g Margarine
400 ml Milch
90 g Zucker
1 TL Salz
50 g Hefe
ca. 450 g Roggenmehl
ca. 450 g Weizenmehl
200 ml saure Sahne
2 TL Hirschhornsalz

Das Fett zerlassen und die Milch zugießen. Zucker, Salz und Hefe sowie das Roggenmehl und 200 g des Weizenmehls in der Teigschüssel mischen. Die handwarme Flüssigkeit darübergießen und alles zu einem Teig verarbeiten. Bis zur doppelten Größe gehen lassen. Dann die saure Sahne und das Hirschhornsalz, vermischt mit einem Teil des übrigen Weizenmehls, zugeben. Das restliche Mehl einarbeiten. Den Teig zu relativ großen Kränzen oder zu Kringeln formen. Auf den eingefetteten Blechen gehen lassen.
Bei 225° 6 bis 8 Minuten backen.

Cranks grobes Kastenbrot
(3 Kastenbrote)

Ein recht grobes Brot, das so richtig nach Roggen und Graham schmeckt. Es sind schwere Laibe, die in dünne Scheiben geschnitten werden müssen. Da die Brote nur mit Graham- und Roggenmehl gebacken werden, die beide keine größeren Mengen von Gluten enthalten, werden die Laibe nicht sehr hoch.

1 l Wasser
50 g Hefe
1 EL Salz
1 EL Honig
ca. 750 g extra grobes Roggenmehl
ca. 750 g Grahammehl

Zum Einpinseln
(Wasser)

In einem Teil des handwarmen Wassers die Hefe anrühren. Das restliche Wasser, Salz, Honig und so viel Mehl zugeben, daß ein fester Teig entsteht. Das Backbrett mit Mehl bestreuen, den Teig darauf geben und das restliche Mehl einkneten. 3 flache Laibe formen und in die eingefetteten Backformen geben. Abdecken und wenigstens 45 Minuten gehen lassen. Eventuell mit Wasser einpinseln.
Bei 200° ca. 1 Stunde backen. Die Brote eingewickelt abkühlen lassen.

Brot aus feinem Roggenmehl

Feines (gesichtetes) Roggenmehl ist eine Mischung aus gesichtetem Roggen- und Weizenmehl, bei dem die Keime und Schalen ausgesiebt werden. Das Mehl enthält 60% Weizenmehl von der äußeren Schicht des Weizenkerns und 40% gesiebtes Mehl vom Roggenkern. Das Weizenmehl setzt man zu, damit man mit dem Mehl besser backen kann. Deshalb ist ein besonderer Zusatz von Weizen eigentlich gar nicht notwendig, aber in vielen älteren Rezepten wird etwas Weizenmehl zugesetzt. Das Brot wird dann etwas heller. Wünscht man ein dunkleres Brot aus gesichtetem Roggenmehl, kann man einen Teil des feinen Roggenmehls gegen gewöhnliches Roggenmehl austauschen.

Großvaters Brötchen mit Thymian

(ca. 20 Stück)

Thymian ist nicht nur ein Essensgewürz. Er kann auch, so wie hier, dem Brot einen feinen Kräutergeschmack geben. Das feine Roggenmehl läßt sich gut gegen fertige Brotmehlmischungen aus Weizen und Roggen austauschen.

2 EL Margarine
½ l Milch
50 g Hefe
1 TL Salz
3 ml feingeriebener Thymian
1 Tasse Sojamehl
ca. 600 g feines Roggenmehl

Zum Einpinseln
Wasser
Weizenkeime

Die Margarine zerlassen und die Milch dazugießen. Der zerkrümelten Hefe die handwarme Flüssigkeit zugeben und die Hefe darin anrühren. Salz, Thymian, Sojamehl und das feine Roggenmehl zugeben. Den Teig geschmeidig kneten und zugedeckt ca. 20 Minuten gehen lassen. Zu ovalen, flachen Brötchen formen (etwas feines Roggenmehl zusetzen, falls der Teig klebrig ist und sich schwer mit ihm arbeiten läßt). Die Brötchen ca. 30 Minuten auf dem Blech gehen lassen. Mit Wasser einpinseln und Weizenkeime darüberstreuen.
Bei 225° ca. 15 Minuten backen.

Gesalzene Roggenlaibe
(4 bis 6 Stück)

Ein kräftiges Brot, das man zu Salaten oder Suppen gebrochen serviert. Es läßt sich sehr gut einfrieren. Man sollte es aber ohne Verpackung auftauen und zum Kroßwerden etwas aufbakken.

75 g Hefe
½ l Wasser
2 TL Salz
ca. 650 g feines Roggenmehl

Zum Einpinseln
Wasser
ca. 50 g grobes Roggenmehl
½ EL grobes Salz

Die Hefe, das Wasser, das Salz und nach und nach das Mehl zusammenrühren. Alles zu einem geschmeidigen Teig kneten. Ca. 10 Minuten gehen lassen. Auf das Backbrett legen und geschmeidig kneten. In gleich große Stücke teilen. Zu flachen, ca. 40 cm langen Laiben formen. Mit Wasser einpinseln und in grobem Roggenmehl, gemischt mit Salz, wälzen. Mit einem nassen Messer 5 bis 6 schräge Schnitte machen. Auf einem eingefetteten Blech die Brote gut gehen lassen.
Bei 275° 10 Minuten backen. Den Ofen ausschalten und die Brote noch 10 bis 15 Minuten darin stehen lassen. Ist eine knusprige Kruste gewünscht, sollten die Brote auskühlen, ohne abgedeckt zu werden.

Brezeln
(2 große oder 10 kleine)

Ein Brot, als große Brezel geformt, ist etwas Herrliches. Die Form der Brezel ist uralt. Sie ist dem Ring oder Kranz verwandt.

½ l Wasser
50 g Hefe
100 ml Öl
1 EL Salz
ca. 850 g feines Roggenmehl

In einem Teil des handwarmen Wassers die Hefe auflösen. Das restliche Wasser zusammen mit dem Öl, Salz und dem größten Teil des Mehls in die Teigschüssel geben. Alles zu einem geschmeidigen Teig kneten und ca. 15 Minuten in der Teigschüssel gehen lassen. Den Teig noch etwas in der Teigschüssel bearbeiten, dann auf das Backbrett legen und den Rest des Mehls einkneten, bis er geschmeidig und gleichzeitig zäh ist. Zu 2 ca. 60 cm langen Rollen formen und auf dem Backblech zu großen Brezeln zusammenlegen, bzw. kleine Brezeln formen. Fast bis zur doppelten Größe gehen lassen.
Bei 225° ca. 20 Minuten backen.

Dalaböden
(13 Stück)

Dieser saftige Brot»kuchen« hat einen feinen Kräutergeschmack von Anis und Fenchel. Es handelt sich um ein altes Rezept aus Dalarna (Mittelschweden).

400 g Margarine
800 ml Milch
½ l Wasser
150 g Hefe
ca. 2 Tassen Sirup
2 TL Anis
1 TL Fenchel
2 TL Salz
ca. 1,3 kg feines Roggenmehl
3–4 (300 g) gekochte, kalte Kartoffeln
ca. 600 g Weizenmehl

Das Fett zerlassen, die Milch und das Wasser zusetzen. Die zerkrümelte Hefe in einem Teil der handwarmen Flüssigkeit anrühren. Die restliche Flüssigkeit und den Sirup zugießen. Die leicht zerriebenen Gewürze und das Salz daruntermischen. Das feine Roggenmehl einarbeiten und den Teig 30 Minuten gehen lassen. Die zerquetschten Kartoffeln zugeben. Mit dem Weizenmehl zu einem geschmeidigen Teig kneten. In gleich große Stücke teilen und jedes zu einem dünnen, runden Fladen ausrollen. Zur doppelten Größe aufgehen lassen. In die gegangenen Brote mit dem Brotstachel oder der Gabel Löcher machen und die Brote auf heiße Bleche legen.
Bei 225° ca. 8 Minuten backen. Das Brot läßt sich gut einfrieren, ist aber auch im Brotkasten sehr haltbar.

Kökars Hefebrot
(ca. 12 kleine Brote)

Das Rezept stammt von den Ålandinseln. Diese kleinen Brote sind typisch åländisch. Am besten schmecken sie frisch gebacken, in Stücke geschnitten und mit Butter bestrichen. Die Mehlmischung kann gegen grobes Weizenmehl oder gegen eine Brotmehlmischung aus Weizen ausgetauscht werden. Die Brote lassen sich ausgezeichnet einfrieren. Am besten taut man sie bei schwacher Wärme im Backofen auf.

1 l Milch
50 g Hefe
1 EL Salz
ca. 950 g feines Roggenmehl
ca. 900 g Weizenmehl

In einem Teil der handwarmen Milch die Hefe auflösen. Salz und den Rest der Milch zugeben. Das feine Roggenmehl und den größten Teil des Weizenmehls einarbeiten. Bis zur doppelten Größe gehen lassen. Den Teig auf dem Backbrett kneten, bis er sich von den Händen löst. In 10 oder 12 Stücke teilen. Jedes Bällchen zu einem runden kleinen Brot flach drükken. Die Brote auf die Bleche geben. Ca. 20 Minuten gehen lassen. Bevor sie in den Ofen geschoben werden, mit Löchern versehen.
Bei 250° 5 bis 10 Minuten backen.

Preiselbeerschnitten
(4 Schnitten)

Saftige Brote, die ihren besonderen Geschmack den Preiselbeeren und dem Farinzucker verdanken.

25 g Margarine oder Butter
¼ l Milch
50 g Hefe
2 EL Farinzucker
1 Tasse eingemachte Preiselbeeren
1½ TL Salz
ca. 300 g feines Roggenmehl
ca. 150 g gewöhnliches Roggenmehl
ca. 200 g Weizenmehl

Zum Einpinseln
Wasser

Das Fett zerlassen und die Milch zugießen. Die zerkrümelte Hefe in einem Teil der handwarmen Flüssigkeit auflösen. Farinzucker, eingemachte Preiselbeeren, Salz und die restliche Flüssigkeit zugeben. Das feine und das gewöhnliche Roggenmehl und einen Teil des Weizenmehls dazumischen. Den Teig gleichmäßig, geschmeidig und glänzend kneten. Zur doppelten Größe aufgehen lassen. Auf das Backbrett geben. Falls notwendig, noch mehr Weizenmehl einkneten. In 4 Stücke teilen und zu 1½ bis 2 cm dicken Platten ausrollen oder drücken. Mit der Gabel einstechen. Auf dem Blech gehen lassen.
Bei 200° 8 bis 10 Minuten backen. Mit Wasser einpinseln und unter einem Tuch auskühlen lassen.

Landbrot
(2 runde Laibe)

Ein kräftiges, ungesüßtes Brot ohne Gewürze, das ein saftiges Inneres und eine feste Kruste hat. Dieses harte Äußere bewahrt die Feuchtigkeit im Brot und macht es haltbar.

½ l Wasser
1 EL Öl
50 g Hefe
ca. 450 g feines Roggenmehl
2 TL Salz
ca. 450 g Weizenmehl

Das handwarme Wasser mit dem Öl mischen. Die zerkrümelte Hefe zu einem Teil des Wassers geben und umrühren, bis sich die Hefe gelöst hat. Die restliche Flüssigkeit, das feine Roggenmehl, Salz und ca. 250 g Weizenmehl zufügen. Den Teig ca. 1 Stunde gehen lassen. Mit dem restlichen Mehl kräftig durcharbeiten, zuerst in der Teigschüssel, dann auf dem Backbrett. Zu 2 rundlichen Laiben formen. Auf das Blech geben und, am besten ohne Tuch, zur doppelten Größe gehen lassen. Mit einem nassen Messer 4 tiefe Schnitte machen.
Bei 200° 30 bis 35 Minuten backen. Ohne Backtuch auskühlen lassen.

Feine Roggenlaibe
(3 große Laibe)

Anstelle von Laiben kann man den Teig auch zu kleinen, ovalen Brötchen oder zu Kränzen formen.

75 g Margarine
700 ml Wasser
3–4 EL Sirup
75 g Hefe
3 TL Salz
2 kleine Eier
(3 TL gemahlene Pomeranzenschale oder Anis und Fenchel)
1 Tasse Weizenkleie
1 Tasse Weizenkeime
ca. 1,1 kg feines Roggenmehl

Zum Einpinseln
Wasser

In einer Kasserolle das Fett zerlassen und das Wasser zusetzen. Zu der handwarmen Flüssigkeit den Sirup gießen. In ein bißchen Flüssigkeit die zerkrümelte Hefe auflösen. Salz, Eier, eventuell die zermahlenen oder zerriebenen Gewürze, Weizenkleie und -keime zugeben. Dann das feine Roggenmehl einarbeiten, einen Teil zum Ausformen zurückbehalten. Ca. 45 Minuten gehen lassen. Auf dem Backbrett das restliche Mehl einkneten. Den Teig in 3 Stücke teilen, diese quer in eine eingefettete Form, ca. 30 mal 40 cm, legen und 30 bis 45 Minuten gut gehen lassen.
Bei 275° ca. 10 Minuten backen, dann den Ofen auf 150° herunterschalten und weitere 20 Minuten backen. Die Brote erhalten eine schöne, glänzende Kruste, wenn man sie mit Wasser einpinselt, sobald sie aus dem Ofen kommen.

Rundlinge von Södermalm
(3 runde Laibe)

Kleine, ungesüßte Laibe aus feinem Roggenmehl ohne Gewürze, die eine gute Unterlage für fast alle Beläge bilden.

½ l Milch
50 ml Öl
50 g Hefe
1½ TL Salz
ca. 550 g feines Roggenmehl
ca. 200 g Weizenmehl

Die handwarme Milch und das Öl mischen. In einem Teil dieser Flüssigkeit die Hefe auflösen, die restliche Flüssigkeit, Salz und das feine Roggenmehl zugeben. Den Teig geschmeidig kneten und gehen lassen. Dann auf dem Backbrett mit dem Weizenmehl zu einem festen Teig arbeiten. Den Teig dritteln und zu Rundlingen (runden Laiben) formen, die mit der Oberseite in feines Roggenmehl getaucht werden. Auf ein eingefettetes Backblech geben und fast bis zur doppelten Größe gehen lassen.
Bei 200° ca. 25 Minuten backen.

Beutelscheiben

(5 Kränze)

Beutelscheiben, hat das etwas mit beuteln zu tun? Tatsächlich besagt das Wort »beuteln« ursprünglich ja auch, daß der Bäcker das Mehl »beutelt« (oder sichtet), d. h. daß er das feine Mehl aussiebt. Für Beutelscheiben oder gesichtete Scheiben wird feines Roggen- und Weizenmehl verwendet.

50 g Hefe
50 g Margarine oder Butter
½ l Milch
2 EL Sirup
½ EL Salz
2 TL zerriebener Fenchel
1 TL zerriebener Anis
ca. 500 g feines Roggenmehl
ca. 200 g Weizenmehl

Das Fett zerlassen und die Milch zugießen. In einem Teil der handwarmen Flüssigkeit die zerkrümelte Hefe anrühren. Den Rest der Flüssigkeit, Sirup, Salz und die Gewürze zugeben. Das feine Roggenmehl zufügen und den Teig kräftig in der Teigschüssel durcharbeiten. 10 bis 20 Minuten gehen lassen. Auf das Backbrett geben und mit dem Weizenmehl geschmeidig kneten. Den Teig in 5 gleich große Stücke aufteilen. Jedes zu einem flachen Bällchen formen. Diese zu runden Platten ausrollen oder drücken. Aus der Mitte ein kleines Loch herausstechen. Mit der Gabel Löcher einstechen und die Platten gehen lassen.
Bei 250° ca. 10 Minuten backen (Siehe Bild rechts).

Großmutters Feiertagsbrot
(3 bis 4 runde Laibe)

Diese Brote sind ziemlich süß. Nimmt man aber weniger Sirup, verlieren sie ihren ursprünglichen, etwas altmodischen Reiz. Wer erinnert sich nicht an das Brot, das nur zu besonderen Gelegenheiten, z. B. zu Weihnachten, gebacken wurde? Das hier ist ein solches Brot.

ca. 2 kg feines Roggenmehl
2 TL Salz
2 EL zerriebener Fenchel
1 EL zerriebener Anis
1½ EL zerriebener Kümmel
150 g Margarine oder Butter
1 l Milch oder Wasser
1 Tasse Sirup
100 g Hefe

Zum Einpinseln
Wasser

1½ kg Mehl in eine Teigschüssel geben. Das Salz und die zerriebenen Gewürze darüberstreuen. Das Fett in einer Kasserolle zerlassen, Milch und Sirup zugießen und erwärmen. Etwas von der Flüssigkeit über die Hefe gießen und anrühren. Die restliche Flüssigkeit zugießen und alles in die Teigschüssel schütten. Zu einem lockeren Teig arbeiten. Ca. 20 Minuten gehen lassen. So viel Mehl einarbeiten, daß der Teig geschmeidig und handlich wird. Dann auf das Backbrett legen. Weiter Mehl einkneten, bis er glänzend ist. 4 glatte Laibe formen. Auf eingefettete Bleche geben und bis knapp zur doppelten Größe gehen lassen.
Bei 175° ca. 50 Minuten backen. Mit Wasser einpinseln.

Blidö-Laibe
(4 Stück)

Dieses etwas süße, dunkle Brot ist recht saftig. Die dunkle Farbe rührt von der Soja her, die außerdem das Brot etwas salzt. (Blidö ist eine Insel nordöstlich von Stockholm.)

75 g Margarine
1 l Milch
1–1½ EL japanische oder chinesische Soja
150 g Hefe
½ Tasse dunkler Sirup
2 TL zerriebener Anis
1¼ EL zerriebener Fenchel
ca. 1,1 kg feines Roggenmehl
ca. 800 g Weizenmehl

Zum Einpinseln
Wasser

Das Fett zerlassen, die Milch darin anwärmen und die Soja zusetzen. Zur zerkrümelten Hefe die Flüssigkeit, den Sirup und die zerriebenen Gewürze geben. Das feine Roggenmehl und einen Teil des Weizenmehls einarbeiten. Ca. 20 Minuten in der Teigschüssel gehen lassen. Den Teig auf das Backbrett geben. 4 gleiche Laibe formen, auf das eingefettete Blech legen und gehen lassen.
Bei 200 bis 225° ca. 20 Minuten backen. Sobald die Brote aus dem Ofen kommen, mit Wasser einpinseln. In ein Tuch einwickeln, damit sie langsam auskühlen.

Süßes Brot

(3 Stück)

Dies ist ein süßes, etwas poröses Brot. Wenn man runde, etwas hohe Brote haben will, kann man es wie die Bäkker machen: Man drückt jedes Teigbällchen platt und rollt es dann auf. Die Fuge (der Teigschluß) wird auf das Backblech gelegt. (Solche süßen Brote waren bis vor wenigen Jahren typisch schwedische Brote.)

½ l Wasser
50 g Hefe
100 g brauner Farinzucker
2 kleine Eier
ca. 1,1 kg feines Roggenmehl

Etwas von dem handwarmen Wasser über die zerkrümelte Hefe gießen und umrühren, bis sie sich aufgelöst hat. Das restliche Wasser, den Farinzucker und die geschlagenen Eier zugeben. Das Mehl zufügen und den Teig gehen lassen. Erst in der Teigschüssel bearbeiten, dann auf das Backbrett geben und einige Minuten kneten. In 3 Stücke teilen. Jedes Teil zu einem flachen Laib formen und quer über das Backbrett legen. Bis fast zur doppelten Größe gehen lassen.
Bei 175° ca. 35 Minuten backen.

Seglerbrot

(4 Kastenbrote)

Das Brot kann auch mit Wasser und Milchpulver gebacken werden. Wenn man einen Teil des feinen Roggenmehls brüht, wird es saftiger. Wasser erhitzen und über das Mehl gießen. Stehen lassen, bis es auf 37° abgekühlt ist.

1,5 l Milch
100 g Hefe
1 EL Salz
½ Tasse Sojamehl
2 Tassen Weizenkleie
ca. 2 kg feines Roggenmehl
3 EL Anis, Fenchel und Pomeranzenschale
3–4 EL Sirup

Zum Einpinseln
Wasser

Die zerkrümelte Hefe in etwas handwarmer Milch auflösen. Den Rest der Milch sowie das Salz, Sojamehl und die Weizenkleie zugeben. So viel feines Roggenmehl dazugeben, daß ein lockerer Teig entsteht. Glänzend und geschmeidig arbeiten. Etwas Mehl darüberstreuen und ca. 30 Minuten gehen lassen. Dann die zerriebenen Brotgewürze, den Sirup und das übrige feine Roggenmehl einarbeiten. Den Teig auf das Backbrett geben und weiter kneten. 4 flache Laibe formen. In Backformen geben und gehen lassen.
Bei 175° 50 bis 60 Minuten backen. Sobald sie aus dem Ofen kommen, mit Wasser einpinseln. In ein Tuch wickeln, damit sie langsam auskühlen.

Stippbrot
(2 runde Laibe)

Ein Weihnachts-Stippbrot zu backen macht Spaß. Dieses Rezept stammt von Visingö (einer Insel im Vätternsee). Es handelt sich um ein poröses Brot aus feinem Roggenmehl ohne Gewürze. Läßt man es in einem eingemehlten Korb gehen, bekommt es ein besonders schönes Aussehen.

25 g Margarine oder Butter
½ l Milch
50 g Hefe
½ TL Salz
ca. 550 g feines Roggenmehl
ca. 150 g Weizenmehl

Zum Einpinseln
warmes Wasser

Das Fett zerlassen und die Milch dazugießen. Die zerkrümelte Hefe mit etwas handwarmer Flüssigkeit anrühren. Salz und dann nach und nach das feine Roggenmehl zugeben. Einen geschmeidigen Teig kneten und ca. 40 Minuten gehen lassen. Auf dem Backbrett das Weizenmehl einkneten. 2 runde Laibe formen, mit Löchern versehen und gehen lassen. Oder in runden, eingemehlten Körben gehen lassen. Das Brot behält dabei gut seine Form und wird gleichzeitig von dem Korbgeflecht »gemustert«. Das im Korb gegangene Brot mit der Oberseite nach unten auf das Blech geben.
Bei 200° ca. 15 Minuten backen. Mit warmem Wasser einpinseln (Achtung: Nicht die Korbbrote!), sobald sie aus dem Ofen kommen (siehe Bild rechts).

Gotlandsknoten
(3 Brote)

Die Gotlandsknoten haben ihre Form von den typischen »Kuchenbrötchen«, die in früheren Zeiten ein beliebtes Brot auf gotländischen Festen waren. Dieses Brot hat einen schönen »Kräutergeschmack« nach Pomeranzen und Anis. Es wird am besten in Scheiben geschnitten und mit Butter und Käse oder mit Marmelade gegessen.

75 g Hefe
½ l Milch
100 ml Öl
5–6 EL Sirup
1 TL Salz
1–2 EL Pomeranzenschale
1 TL fein zerriebener Anis
ca. 550 g feines Roggenmehl
ca. 450 g Weizenmehl

Zum Einpinseln
Wasser
Weizenmehl

Die zerkrümelte Hefe in etwas handwarmer Milch auflösen. Den Rest zusammen mit Öl, Sirup, Salz, Pomeranzenschale und Anis zugeben. Das feine Roggenmehl zugeben und den Teig kräftig arbeiten. Dann 10 Minuten ruhen lassen. Das Weizenmehl zugeben und den Teig geschmeidig arbeiten. In 3 Stücke teilen und jedes Teil zu einer 1 m langen Rolle ausrollen. Zu einem großen Knoten formen. Die »Knoten« auf eingefettete Bleche legen und gehen lassen. Mit Wasser einpinseln und Weizenmehl darüberstreuen.
Bei 200° ca. 20 Minuten backen.

Würzbrot
(4 runde Brote oder 4 bis 5 Laibe)

Seit alters her gehört Würzbrot zu den weihnachtlichen Brotsorten. Würze kann man heute nur noch direkt bei Brauereien erhalten, aber sie läßt sich gut durch eine Mischung aus Porter und Malzbier ersetzen.

1 l Würze oder 1 Flasche (à 0,33 l) Porter und 2 Flaschen (à 0,33 l) Malzbier
150 g Margarine oder Butter
100 g Hefe
1 EL japanische oder chinesische Soja
½ Tasse dunkler Sirup
2 EL zerriebene Pomeranzenschale
1 TL gemahlene Gewürznelken
1 EL gemahlener Ingwer
1 Tasse Rosinen
ca. 2 kg feines Roggenmehl

Die Flüssigkeit erwärmen und das Fett darin schmelzen. Die zerkrümelte Hefe zu der Flüssigkeit, der Soja, dem Sirup, den Gewürzen und den Rosinen geben. Das Mehl einarbeiten und den Teig 10 bis 15 Minuten gehen lassen. Auf das Backbrett legen und in 4 oder 5 Stücke teilen. Runde oder längliche Laibe ausrollen. Auf das Blech oder in die Bratpfanne legen. Mit einer Gabel mit Löchern versehen und dann gehen lassen. Zwischen die Laibe etwas ausgelassenes Fett pinseln.
Bei 225° ca. 30 Minuten backen. Nach dem Backen das Brot mit Wasser einpinseln. Unter einem Tuch abkühlen lassen.

Französisches Walnußbrot
(1 Kastenbrot)

Ein kräftiges, etwas andersartiges Brot, das seinen besonderen Geschmack den Walnüssen verdankt. Gut geeignet als Beigabe zu Suppen und Salaten, zu Käse oder, frisch getoastet, zum Tee.

1 EL Margarine oder Butter
¼ l Milch
30 g Hefe
¾ TL Salz
ca. 300 g feines Roggenmehl
ca. 100 g Weizenmehl
200 g Walnußkerne

Das Fett zerlassen und die Milch dazugießen. Die Hefe in etwas Milch auflösen. Den Rest, Salz und das feine Roggenmehl dazugeben. Den Teig geschmeidig arbeiten und gehen lassen. Auf dem Backbrett das Weizenmehl einarbeiten, so daß ein fester Teig entsteht. Die Walnußkerne zufügen. Einen flachen Laib formen, der leicht verdreht in eine eingefettete, etwas eingemehlte Kastenform gelegt wird. Das Brot gehen lassen.
Bei 200° ca. 25 Minuten backen. Umstülpen und unter einem Tuch auskühlen lassen. In dünne Scheiben schneiden.

Kleine Pfannenbrote
(12 bis 16 Stück)

Eine rationelle Art, kleine Teile zu backen. Soll das Brot aufgehoben werden, setzt man zusammen mit der Milch etwas Fett – 50 bis 75 g Margarine – zu. Eventuell kann auch ein Teil des feinen Roggenmehls gegen normales ausgetauscht werden.

½ l Milch
(1 EL Sirup)
50 g Hefe
½ TL Salz
1 EL zerriebener Fenchel
1 EL zerriebener Anis
ca. 800 g feines Roggenmehl

Zum Einpinseln
Wasser

Zu der Milch eventuell den Sirup geben. Die zerkrümelte Hefe mit Salz und den Gewürzen mischen. Die handwarme Milch darübergießen und das feine Roggenmehl in den Teig arbeiten. Den Teig glatt und geschmeidig arbeiten. Zur fast doppelten Größe aufgehen lassen. Auf das Backbrett geben und weiter durchkneten. Eine längliche Form, ca. 30 mal 40 cm, einfetten. Den Teig zu einem länglichen Kuchen ausformen, der genau in die Form paßt. Mit einem eingefetteten Messer in entsprechend große Stücke schneiden und gehen lassen.
Bei 225° ca. 15 Minuten backen. Kurz bevor das Brot fertig ist, mit etwas Wasser einpinseln.

Brot aus Hafer

Hafer besitzt einen höheren Nährwert als die übrigen Getreidearten, weil er mehr Protein und Fett enthält. Durch den hohen Fettgehalt werden Haferprodukte, wenn man sie länger lagert, leicht ranzig. Aus rohen oder gedämpften Haferkernen erhält man beim Mahlen Hafermehl und Hafermark. Durch das Dämpfen wird dem Hafer der herbe Geschmack genommen. Die Farbe des Hafermehls wird dann gelb statt grau. Dem Mehl fehlt das elastische Gluten (siehe S. 41). Man kann es deshalb nur dann zum Backen verwenden, wenn man Weizenmehl zufügt. **Haferflocken** sind gedämpfte und gepreßte Flocken, die man direkt in Brotteigen oder zu Keksen verwendet. **Hafergrütze** muß vor der Verwendung gekocht oder eingeweicht werden.

Haferbrötchen

(ca. 12 Stück)

Saftige, nahrhafte Brötchen, die ihren kräftigen Hafergeschmack dem Hafermark verdanken. Eventuell kann man ½ Tasse Rosinen in den Teig mischen.

1 Tasse Hafermark
½ l Milch
50 g Margarine
50 g Hefe
100 ml lauwarmes Wasser
2 TL Salz
ca. 750 g Weizenmehl

Zum Einpinseln
Wasser

In einer Kasserolle das Hafermark in der Milch anrühren. Unter Umrühren aufkochen und die »Grütze« ca. 20 Minuten kochen lassen. Die Margarine zugeben und das Ganze abkühlen lassen. Die zerkrümelte Hefe in dem Wasser auflösen. Das Hafermark, Salz und Mehl zugeben. 50 g zum Ausformen zurückbehalten. Ca. 30 Minuten gehen lassen. Den Teig auf das leicht eingemehlte Backbrett geben und kneten. Er soll ziemlich locker sein. Also nicht mehr Mehl nehmen als im Rezept angegeben. Große, runde, flache Brötchen formen. Auf das Blech legen und ca. 30 Minuten gehen lassen.
Bei 225° 10 bis 12 Minuten backen. Wenn sie aus dem Ofen kommen, mit kaltem Wasser einpinseln.

Teebrötchen von Frövi
(ca. 40 Stück)

Ein altes Familienrezept, das sich über Generationen vererbt hat. Um ein lockeres Brot zu bekommen, haben wir es etwas modernisiert. Wer nach dem ursprünglichen Rezept backen will, nimmt statt dessen 200 g Margarine, 125 g Zucker und 150 g Hefe und verringert die Menge der Haferflocken auf 3½ Tassen. (Frövi ist ein Landstädtchen nördlich von Örebro in Mittelschweden.)

1 l entrahmte Milch
4 Tassen Haferflocken
175 g Margarine
75 g Hefe
50 g Zucker
1 TL Salz
ca. 1,2 kg Weizenmehl

Die Haferflocken einige Stunden, am besten über Nacht, in der Milch quellen lassen. Das Fett zerlassen und zu den eingeweichten Haferflocken gießen. In ein wenig der Flüssigkeit die Hefe auflösen. Die trockenen Zutaten zugeben. Etwas Mehl zum Ausformen zurückbehalten. Den Teig geschmeidig kneten und ca. 20 Minuten gehen lassen. Auf das Backbrett geben und das restliche Mehl einkneten. Zu einer rechteckigen Platte ausrollen. Mit einer runden Form (ca. 10 cm Durchmesser) die Teebrötchen ausstechen. Etwa jeweils 12 Stück auf ein Blech geben und ca. 30 Minuten gehen lassen.
Bei 225° ca. 10 Minuten backen (siehe Bild rechts).

Norwegisches Haferflockenbrot
(2 Kastenbrote)

Dies ist ein haltbares und saftiges Brot. Haferflocken enthalten verhältnismäßig viel Fett. Daher eignet sich dieses Brot gut für unterwegs. Das Brot hat durch die Haferflocken außerdem einen leichten Nußgeschmack.

600 ml Milch
50 ml Öl
25 g Hefe
3 TL Salz
2½ Tassen Haferflocken
ca. 600 g Weizenmehl

Milch und Öl mischen und erwärmen. Die zerkrümelte Hefe in etwas Flüssigkeit auflösen. Die restliche Flüssigkeit, Salz und Haferflocken zugeben. Das Weizenmehl einarbeiten. Zum Ausformen etwas zurückbehalten. Den Teig ca. 1 Stunde gehen lassen. Auf das Backbrett geben und das restliche Mehl einarbeiten. Den Teig teilen und 2 flache Laibe formen. In eingefettete, längliche Backformen legen. Ca. 30 Minuten gehen lassen. Mit einer Gabel leicht einstechen und mit Wasser einpinseln.
Bei 200° ca. 45 Minuten backen (siehe Bild S. 108).

Gerstenlaibe
(2 Stück)

Man braucht wenig Gersten- und viel Weizenmehl, damit die Laibe nicht dünn und flach werden.

75 g Hefe
½ l Milch
100 g Margarine
ca. 200 g Gerstenmehl
1–2 TL Salz
ca. 600 g Weizenmehl

Die Hefe in etwas Milch auflösen. Das Fett in einem Topf zerlassen, die restliche Milch zuschütten und erwärmen. Das Gerstenmehl mit dem Salz in die Teigschüssel geben und die Flüssigkeit zugießen. Den Teig geschmeidig arbeiten und nach und nach einen Teil des Weizenmehls zugeben. Ca. 30 Minuten gehen lassen. Auf das Backbrett geben und so viel Weizenmehl einarbeiten, daß der Teig geschmeidig wird. Zu 2 runden Laiben formen. Auf dem Blech gehen lassen.
Bei 225° ca. 30 Minuten backen.

Brot aus Gerste

Gerste ist eine alte Kulturpflanze, sogar in den Pyramiden hat man Reste gefunden. Aus dem geschälten Korn wird das **Gerstenmehl** gewonnen, das meist zu Fladenbroten verwendet wird. Das Mehl ist glutenarm (siehe S. 41), sehr schwer zu verbacken und muß, wenn man ein weiches Brot daraus backen will, mit Weizenmehl vermischt werden. Ein Teig aus Gerstenmehl ist etwas weich und von begrenzter Haltbarkeit. **Gerstengraupen** erhält man durch Enthülsen des Korns, sogenannte **ganze Graupen.** Bedeutend häufiger findet man jedoch die **zerquetschten Graupen.** Im Teig lassen sich Graupen verarbeiten, wenn man sie zuerst kocht oder in Wasser quellen läßt.

Gerstenbrötchen
(ca. 20 Stück)

Leckere Brötchen, die aus ganzen Gerstengraupen und Gerstenmehl gebacken werden. Die Rosinen geben etwas Süße, können aber auch weggelassen werden. Das Weizenmehl sollte »fein« sein, da das Gerstenmehl selbst nur einen geringen Klebergehalt hat.

½ Tasse Gerstengraupen
400 ml Wasser
25 g Margarine oder Butter
200 ml kaltes Wasser
50 g Hefe
ca. 400 g Gerstenmehl
3 TL Salz
(½ Tasse Rosinen)
ca. 250 g Weizenmehl

Die Graupen ca. 30 Minuten in Wasser kochen. Das Fett zusetzen und zerlassen. Das kalte Wasser zugießen und alles erwärmen. Die Hefe hineinkrümeln und umrühren, bis sie sich aufgelöst hat. Das Gerstenmehl mit dem Salz, eventuell den Rosinen und gut der Hälfte des Weizenmehles einarbeiten. Den Teig in der Teigschüssel zur doppelten Größe oder ca. 45 Minuten gehen lassen. Auf das Backbrett geben und mit dem Rest des Weizenmehles zu einem geschmeidigen Teig kneten. Zu runden Brötchen formen. Eventuell in etwas Gerstenmehl wälzen. Auf die Backbleche legen und ca. 30 Minuten gehen lassen.
Bei 250° ca. 15 Minuten backen.

Rieskor (Gerstenmehlfladen)
(ca. 12 Fladen)

»Rieskor« stammt aus dem Finnischen und bedeutet Brote. Die Rezepte sind in Nordschweden und Finnland auf beiden Seiten der Grenze ziemlich verschieden. Gemeinsam ist den Rezepten, daß sie Gerstenmehl enthalten. Diese Fladen, die aus dem nördlichen Lappland kommen, sind ziemlich zäh. Das Gerstenmehl kann gegen grobes Weizenmehl ausgetauscht werden.

100 g Margarine oder Butter
1 l Milch
75 g Hefe
1–2 TL Salz
ca. 700 g Gerstenmehl
ca. 750 g Weizenmehl

In einer Kasserolle das Fett zerlassen. Die Milch dazugießen und erwärmen. Die zerkrümelte Hefe mit etwas Flüssigkeit anrühren. Die restliche Flüssigkeit dazugießen. Das Salz und die beiden Mehlsorten dazugeben und zu einem ziemlich lockeren, aber glatten Teig verarbeiten. Bis zur doppelten Größe gehen lassen. Eventuell mehr Mehl einarbeiten. Den Teig in 12 gleich große Stücke teilen. Zu runden, 5 mm dünnen Fladen ausrollen. Löcher einstechen und ca. 20 Minuten auf den Blechen gehen lassen.
Bei 250° ca. 7 Minuten backen, bzw. bis die Brote eine schwach braune Farbe angenommen haben.

Mit Sauerteig backen

Sauerteig gibt dem Brot ein ganz spezielles, säuerliches Aroma, das man auf andere Art nicht erzielen kann. Für den, der Freude am Backen hat, kann sich die Mühe lohnen, es einmal auszuprobieren. Sauerteig ist im Hinblick auf das Gärvermögen der Hefe überlegen. Man erhält im Brot eine sehr gleichmäßige Gärung, ohne Garkränze und Luftblasen. Dieses Brot kann man allerdings nicht am gleichen Tag backen, an dem man es ansetzt, denn der Sauerteig braucht ein paar Tage, um sich das erste Mal zu bilden. Die meisten Sauerteigbrote müssen über Nacht gehen, während die Zubereitung des Teiges nicht viel schwieriger als sonst ist.

Wenn der Teig liegt und säuert, erfolgt eine Gärung. Die kohlensäureerzeugenden Hefepilze und andere Bakterien, die Milch- und Essigsäure bilden, vermehren sich sehr stark. Außerdem werden aromatische Stoffe gebildet, die dann dem Brot seinen Geschmack geben.

Man kann auch, wenn man ein grobes Roggenbrot backt, etwas von dem Teig beiseite tun. Man legt ihn in eine Teigschüssel und schüttet etwas Wasser dazu. Dann läßt man alles einige Tage an einem möglichst warmen Ort stehen, bis der Teig ordentlich sauer geworden ist. Um den Sauerteig am Leben zu erhalten und ständig zu erneuern, mischt man ihm bei jedem Backen etwas frischen Teig zu. Man formt diesen Sauerteig zu einem Ball und bewahrt ihn in Mehl auf oder trocknet ihn. Da man jedoch nicht völlig sicher sein kann, daß er ein ausreichendes Gärvermögen besitzt, ist es oft besser, jedesmal frischen Sauerteig anzusetzen.

Je länger man ein Sauerteigbrot gehen läßt, desto mehr nehmen das saure Aroma und das Volumen zu. Wenn man es nicht gewohnt ist, mit Sauerteig zu backen, sollte man etwas frische Hefe zusetzen.

Hält man die Sauerteigherstellung für zu beschwerlich, kann man den Sauerteig gegen Milchsäure und Hefe austauschen. 1 TL Milchsäure auf 1 l Wasser ergibt eine ausreichende Säure. Milchsäure erhält man in der Apotheke.

Die allereinfachste Art, ein Brot zu »säuern«, ist, saure Milch als Flüssigkeit zu nehmen oder etwas Essigessenz der Flüssigkeit zuzugeben.

Sauerteig

Der Ansatz ergibt 400 g

200 ml Wasser
25 g Hefe
ca. 350 g feines Roggenmehl

Das Wasser erwärmen und in einem Teil die Hefe anrühren. Den Rest zusetzen und das Mehl einarbeiten. Den Teig abdecken und 1 bis 2 Tage bei Zimmertemperatur stehen lassen. Der Teig ist nun fertiger Sauerteig. Man kann ihn aber auch mit etwas zusätzlichem Weizenmehl zu einem Ball formen und kühl aufbewahren. Oder man trocknet ihn an der Luft. Der ½ Ansatz frisch bereiteter Teig entspricht 100 g getrocknetem.

Richtig trockener Sauerteig muß vor der Anwendung zerkrümelt oder zerstoßen werden. Man kann ihn im Mörser zerreiben oder in der Haushaltsmaschine (im Mixer) pulverisieren.

Ankerstockbrot
(2 Kastenbrote)

Ein grobes, saftiges, etwas festes Brot. Früher wurde dieses Brot in den königlichen schwedischen Bäckereien für die Marine gebacken. Es ging darum, ein Brot zu haben, das sich lange aufheben ließ. Der Seemannshumor gab dem Brot seinen Namen. Die Laibe ähnelten mit der Zeit dem Holzstock im Anker.

Teig 1
100 g getrockneter oder
½ Ansatz frisch hergestellter Sauerteig (siehe S. 114)
¾ l Wasser
ca. 550 g Roggenmehl
Teig 2
2 TL Salz
5–6 EL Sirup
ca. 200 g Roggenmehl
ca. 450 g Weizenmehl

Den getrockneten Sauerteig zerbröseln oder im Mörser zerreiben. Falls er sehr hart ist, einige Stunden in kaltes Wasser legen. Das Wasser erwärmen. Über den Sauerteig und das Roggenmehl gießen. Zu einem lockeren Teig verarbeiten. Wenigstens 8 Stunden zugedeckt gären lassen, am besten bei Zimmertemperatur und über Nacht. Salz, Sirup, Roggen- und Weizenmehl zu Teig 1 geben. Auf dem Backbrett zu einem geschmeidigen Teig kneten. In 2 Stücke teilen und in rechteckige, eingefettete Formen legen. 2 Stunden bei Zimmertemperatur gehen lassen.
Bei 175° 1¼ Stunde backen. Gut zugedeckt auskühlen lassen. Erst nach einigen Tagen anschneiden.

Estnische Laibe
(2 Laibe)

Dieses feste Brot hat einen schönen, säuerlichen Geschmack. Es sollte einige Tage liegen, bevor es in dünne Scheiben geschnitten wird.

2 EL (20 g) getrockneter, zerriebener Sauerteig (siehe S. 114)
1½ l lauwarmes Wasser
ca. 2,2 kg Roggenmehl
1–2 EL Salz
½ EL Kümmel

Den Sauerteig mit dem lauwarmen Wasser vermischen. So viel Mehl zugeben, daß eine lockere und breiige Konsistenz entsteht. Eine ca. 2 cm dicke Schicht Mehl darüberstreuen und die Mischung bei Zimmertemperatur über Nacht zum Säuern stehen lassen. Dann Salz, Kümmel und den Rest des Mehls zusetzen, gut kneten und ca. 30 Minuten gehen lassen. Die Laibe ausformen und bei Zimmertemperatur ca. 3 Stunden gehen lassen.
Bei 175° 1¼ bis 1½ Stunden backen.
Die Teigreste, die an dem Rand der Teigschüssel kleben, abkratzen und zum nächsten Backen aufheben.

Sauerteigbrot
(2 große Brote)

Ein richtig grobes Roggenbrot, das stark an das finnische Sauerbrot erinnert. Am saftigsten wird das Brot nach 1 bis 2 Tagen.

Teig 1
25 g Hefe
800 ml lauwarmes Wasser
ca. 550 g grobes Roggenmehl

Teig 2
25 g Hefe
ca. 550 g grobes Roggenmehl
2 TL Salz
1 EL zerriebener Fenchel
oder Anis
ca. 200 g Weizenmehl

Die Hefe für den Sauerteig in eine große Teigschüssel krümeln. Das lauwarme Wasser zugießen und die Hefe unter Umrühren auflösen. Das Roggenmehl zugeben. Die Teigschüssel mit Plastikfolie abdecken und den Teig bei Zimmertemperatur 2 mal 24 Stunden stehen lassen, bis er »blasig« geworden ist und säuerlich riecht. Danach den Sauerteig mit der frischen Hefe sowie Roggenmehl, Salz, Kräutern und einem Teil des Weizenmehls vermischen. Den Teig kräftig in der Teigschüssel bearbeiten und ca. 30 Minuten gehen lassen. Auf das Backbrett geben, den Rest des Weizenmehls einkneten. In 2 Stücke teilen und zu runden Laiben formen. Ca. 30 Minuten gehen lassen. Löcher einstechen und eventuell etwas grobes Roggenmehl darüberstreuen.
Bei 200° 45 bis 50 Minuten backen. Die Laibe eingewickelt auskühlen lassen (siehe Bild rechts).

Lysäters Brot
(4 Kastenbrote)

Ein schönes, saftiges Brot, das zum Backen einige Tage braucht. Die fertigen Brote rollte man in Tücher ein, damit sie ihre Feuchtigkeit behalten. Auch sollte man das Brot erst nach einigen Tagen anschneiden.

Teig 1
150 ml saure Milch
25 g Hefe
ca. 150 g grobes Roggenmehl
2 ml Salz

Teig 2
2 Tassen Roggenkörner
1½ l Wasser
1,2 kg grobes Roggenmehl
1½ EL Salz
4 Tassen Weizenkleie
ca. 1,1 kg feines Roggen- oder Weizenmehl
1 Tasse Sirup
(50 g Hefe)

Zum Einpinseln
warmes Wasser

In die handwarme saure Milch die Hefe hineinkrümeln und umrühren, bis sie sich aufgelöst hat. Roggenmehl und Salz zugeben. Den Teig glatt arbeiten. Die Schüssel mit einer Plastikfolie abdecken und bei Zimmertemperatur einige Tage stehen lassen, bis der Teig ordentlich sauer geworden ist.
Die Roggenkörner abspülen, mit dem Wasser aufkochen und so warm wie möglich ein paar Tage stehen lassen. Soll das Roggenmehl gebrüht werden, nimmt man das Wasser, das die Roggenkörner nicht aufgesaugt haben, ca. 1 l, kocht es nochmals auf und gießt es heiß über das Roggenmehl, das mit Salz versetzt ist. Gut durchmischen und dann das gebrühte Mehl einige Stunden stehen lassen.
Den Sauerteig mit den Roggenkörnern, dem gebrühten Roggenmehl und der Kleie verarbeiten. Den Teig über Nacht an einem möglichst warmen Platz stehen lassen.
Am Morgen sollte der Teig gut gegangen sein, sonst kann man ihm mit in etwas Wasser angerührter, zusätzlicher Hefe »nachhelfen«, die zusammen mit dem Sirup und dem feinen Roggenmehl eingearbeitet wird. Der Teig soll geschmeidig sein und sich von der Schüssel lösen. Dann auf dem Backbrett kneten und in 4 Stücke teilen. Jedes zu einem glatten Laib formen. Die Laibe in eingefettete, längliche Formen geben. Bis fast zur doppelten Größe gehen lassen.
Bei 200° 1½ Stunden backen. Kurz bevor sie aus dem Ofen kommen, einpinseln.

Deutsches Kümmelbrot
(2 Laibe)

Diesem Sauerteig können 25 g Hefe zugesetzt werden. Man kann den Sauerteig aber auch gegen 50 g Hefe und 1 bis 2 EL Essigessenz austauschen, die man zu Beginn in die Flüssigkeit mischt.

1 Portion Sauerteig (siehe S. 114)
50 g Margarine
400 ml Milch
3 TL Salz
3 TL Kümmel
ca. 700 g gesichtetes Roggenmehl

Zum Einpinseln
1 Ei
(Kümmel)

Den Sauerteig, falls er getrocknet ist, zerkrümeln oder im Mörser zerreiben. Das Fett zerlassen, die Flüssigkeit zusetzen und den Sauerteig, eventuell auch die Hefe, mit beidem übergießen. Darauf achten, daß der Sauerteig gut aufgelöst ist, bevor die übrigen Zutaten eingemischt werden. Salz, Kümmel und Mehl zugeben. Den Teig geschmeidig und glatt kneten. Zu glatten Laiben formen. Mit einem nassen Messer schräg einige Einschnitte machen. Die Laibe auf ein eingefettetes Blech legen. Bei Zimmertemperatur knapp bis zur doppelten Größe gehen lassen. Es ist mit etwa 3 Stunden zu rechnen. Mit geschlagenem Ei einpinseln und eventuell Kümmel darüberstreuen.
Bei 200° ca. 40 Minuten backen.

Finnische Roggenkringel
(2 Ringe)

Dies sind außerordentlich schmackhafte, grobe Ringe. Die saure Milch und der Essig geben dem Brot seinen herben Geschmack. Besonders gut ist es, wenn es frisch gebacken ist.

½ l saure Milch
50 g Hefe
½ EL Salz
2 TL Essigessenz
1 EL Kümmel, Anis oder Fenchel
ca. 300 g Roggenmehl
ca. 400 g Weizenmehl

Zum Einpinseln
lauwarmes Wasser
grobes Roggenmehl oder Weizenkleie

Die saure Milch zimmerwarm werden lassen. Etwas von der sauren Milch zu der zerkrümelten Hefe geben und umrühren, bis sie sich aufgelöst hat. Die restliche saure Milch zugießen. Danach Salz, Essigessenz, das fein zerriebene Brotgewürz, Roggenmehl und den größten Teil des Weizenmehls zugeben und zusammenarbeiten. Den Teig zur doppelten Größe aufgehen lassen. Auf ein mit Mehl bestreutes Backbrett geben und geschmeidig kneten. Halbieren und zu 2 runden Scheiben ausformen. Ein Loch in der Mitte ausstechen. Die Kringel auf das Blech legen und zur doppelten Größe, etwa 30 Minuten, gehen lassen. Mit etwas Wasser einpinseln und grobes Roggenmehl oder Weizenkleie darüberstreuen.
Bei 200° ca. 25 Minuten backen.

Pfannenbrot

(3 Stück)

Eine rationelle Art, Brot zu backen. Der Teig soll ziemlich locker sein, also nicht mehr Mehl nehmen als im Rezept angegeben.

Teig 1
50 g Hefe
300 ml kaltes Wasser
ca. 150 g feines Roggenmehl

Teig 2
700 ml lauwarmes Wasser
1 EL Salz
1 gehäufter EL gemahlene Pomeranzenschale
2 EL Öl
½ Tasse Weizenkeime
ca. 700 g feines Roggenmehl
ca. 450 g Weizenmehl

Die Zutaten zum Sauerteig in der Teigschüssel vermischen. Mit einem dicht schließenden Deckel oder einer Plastikfolie abdecken. Über Nacht bei Zimmertemperatur stehen lassen. Dann das lauwarme Wasser und die übrigen Zutaten zugeben. Den Teig in einer eingefetteten Form, ca. 30 mal 40 cm, ausrollen und ca. 30 Minuten gehen lassen. Mit einer Gabel Löcher einstechen.
Bei 200° ca. 45 Minuten backen. Dann den Backofen auf 225° einstellen und das Brot weitere 45 Minuten backen. In ein Tuch eingewickelt, abkühlen lassen. In 3 Laibe teilen (siehe Bild rechts).

Russische Laibe

(3 kleine oder 2 große Laibe)

Ein saftiges, grobes Brot, dennoch etwas porös in seiner Konsistenz, weil der Sauerteig mit 50 g frischer Hefe ergänzt wird. Man schneidet das Brot – aber erst nach einigen Tagen – in dünne Scheiben.

Teig 1
200 ml Wasser
25 g Hefe
ca. 300 g besonders grob gemahlenes Roggenmehl

Teig 2
½ l Wasser
50 g Hefe
1–1½ EL Salz
1½ EL Kümmel
ca. 250 g Roggenmehl
ca. 450 g Weizenmehl

Zum Einpinseln
ca. 100 ml Wasser
1 EL Sirup

Teig 1 zubereiten. Die zerkrümelte Hefe mit dem handwarmen Wasser übergießen und umrühren. Das Roggenmehl zugeben und alles bei Zimmertemperatur bis zum nächsten Tag stehen lassen, so daß sich ein Sauerteig bildet.

Teig 2 zubereiten. Mit einem Teil der handwarmen Flüssigkeit die Hefe in einer Schüssel auflösen. Die restliche Flüssigkeit, Sauerteig, Salz und Kümmel zugeben. Roggen- und Weizenmehl einarbeiten. Auf dem Backbrett den Teig kneten. In 2 bis 3 gleich große Stücke teilen. Zu glatten Laiben formen. In eine längliche Form geben. Zerlassene Margarine zwischen die eng liegenden Brote pinseln. Mit einer Gabel Löcher einstechen. Bis knapp zur doppelten Größe gehen lassen.

Bei 200° gut 1 Stunde backen. Nach ca. 30 Minuten mit in Wasser angerührtem Sirup einpinseln. Danach weiterbacken. 10 Minuten vor Ende der Backzeit die Laibe auf ein Blech stürzen, auf die Kante legen und fertig backen lassen. Gut eingehüllt auskühlen lassen.

Dänisches Sauerbrot
(1 Laib)

Ein leicht zu backendes Brot, das seinen feinen, mild herben Geschmack der sauren Milch verdankt. Am besten läßt man das Brot vor dem Anschneiden einige Tage liegen.

25 g Hefe
100 ml lauwarmes Wasser
¼ l saure Milch
1½ TL Salz
1½ EL Kümmel
ca. 350 g feines Roggenmehl
ca. 150 g Weizenmehl

In dem handwarmen Wasser die Hefe auflösen. Danach die saure Milch, Salz, Kümmel und das feine Roggenmehl zusetzen. Den Teig geschmeidig kneten und nach und nach das Weizenmehl zugeben. Den Teig ca. 45 Minuten gehen lassen. Auf das Backbrett geben. Den Rest des Weizenmehles einarbeiten und zu einem großen Brot formen. Ca. 20 Minuten gehen lassen.
Bei 200° ca. 45 Minuten backen.

Hofbäckers Festbrote
(3 Kastenbrote)

Ein festes, grobes Brot, das eingewickelt auskühlen muß. Es sollte nicht in dünne Scheiben geschnitten werden, bevor es einige Tage alt ist. Die Milchsäure gibt dem Brot die richtige Konsistenz und den richtigen Geschmack.

1 l Wasser
1 TL Milchsäure
100 g Hefe
1 EL Salz
2 TL fein zerriebener Kümmel
ca. 1,1 kg Roggenmehl
ca. 400 g Weizenmehl

Die Hefe in einem kleinen Teil des handwarmen Wassers auflösen. Das restliche Wasser, Milchsäure, Salz und Kümmel zusetzen. Das Roggenmehl einarbeiten und den Teig zum Gehen 30 bis 45 Minuten abgedeckt an einen warmen und zugfreien Ort stellen. Dann auf das Backbrett geben und das Weizenmehl einkneten. Den Teig dritteln und jedes Teil zu einem länglichen Laib ausrollen. Auf ein Blech oder in eingefettete Formen legen. Knapp bis zur doppelten Größe gehen lassen. Bei niedrigeren Temperaturen dauert das längere Zeit.
Bei 175° ca. 1 Stunde backen.

Brühteigbrot

Mehl zu brühen, d.h. kochende Flüssigkeit über das Mehl zu gießen, ist eine alte Methode, die man besonders bei schweren Brotsorten, wie z.B. Ankerstockbrot, Schonenlaibe usw., anwendet.

Für gewöhnlich brüht man nur grobes und feines Roggenmehl, aber man kann auch Grahammehl brühen.

Beim Brühen werden die Stärkekörner im Mehl verklebt. Sie nehmen Flüssigkeit auf, quellen und bilden eine zähe Masse (die an Kleister erinnert). Während dieser Verklebung werden Geschmacks- und Aromastoffe gebildet. Am besten läßt man alles 24 Stunden stehen. Man kann aber auch schon nach ein paar Stunden, sobald die Masse die richtige Teigtemperatur erreicht hat, den Teig weiterverarbeiten. Man setzt dann Hefe, eventuell Sirup oder Zucker, Gewürze und Mehl zu. Die Vorteile des Brühteigbrotes sind:

- größere Saftigkeit
- mehr Aroma und Geschmack
- leichteres Schneiden
- weniger Krümel
- große Haltbarkeit

Das grobe Mehl abmessen und in eine große, feste Teigschüssel geben. Das Wasser aufkochen und kochendheiß über das Mehl gießen. Mit einer dünnen Schicht Mehl und einem Tuch abdecken (damit die Oberfläche nicht eintrocknet). Das Mehl muß langsam auskühlen. Während dieser Zeit bilden die Enzyme des Mehls Dextrine und Zucker, die dem Brot das Aroma geben. Das beste Ergebnis erzielt man, wenn das Mehl wenigstens 12 Stunden stehen konnte; man kann das gebrühte Mehl aber schon verwenden, sobald die Teigtemperatur 26 bis 28° (normale Teigtemperatur) beträgt.

Man nimmt die übrigen Zutaten, Flüssigkeit, Hefe, Salz, eventuell Sirup, Gewürze und weiteres Mehl, und geht dann wie gewöhnlich vor. Die Hefe wird in der handwarmen Flüssigkeit aufgelöst und dem gebrühten Mehl zugesetzt. Salz, Sirup, Gewürze und Mehl werden eingearbeitet.

Ein gebrühter Teig ist ein sehr schwerer Teig, der auf dem Backbrett gründlich geknetet werden muß. Für viele Küchenmaschinen ist er zu schwer. Wenn der Teig sich ohne weiteren Zusatz von Mehl vom Backbrett und von den Händen löst, ist er fertig. Der Teig *muß* richtig fest sein.

Schonisches Schwarzbrot
(3 Kastenbrote)

Dieses Rezept ergibt ein schönes, dunkles Brot. Die Farbe kann man dadurch erreichen, daß man etwas Soja unter die Flüssigkeit mischt.

700 ml Wasser
ca. 400 g Roggenmehl
1 EL Salz
1 EL geriebener Kümmel
350 ml Wasser
ca. 400 g Roggenmehl
50 g Hefe
1 Tasse dunkler Sirup
ca. 550 g feines Roggenmehl
ca. 450 g Weizenmehl

Zum Einpinseln
Wasser

Das Wasser aufkochen und über Roggenmehl, Salz und Kümmel gießen. Alles vermischen. Den Teig abgedeckt bis zum nächsten Tag stehen lassen.
350 ml Wasser handwarm erwärmen. In einem kleinen Teil der Flüssigkeit die Hefe auflösen. Das restliche Wasser zusammen mit dem Teigansatz vom Vortag und dem Roggenmehl zu einem lockeren Teig vermengen. Im Hinblick auf das Gehen eine große Schüssel nehmen. Abdecken und 4 Stunden stehen lassen. Nach und nach den Sirup, das feine Roggen- und das Weizenmehl daruntermischen. Den Teig kräftig bearbeiten. 30 Minuten gehen lassen. Auf dem Backbrett bearbeiten. In 3 gleiche Teile teilen, diese zu Laiben formen und in gefettete Kastenformen geben. 30 Minuten gehen lassen.
Mit einem Backblech über den Formen bei 175° ca. 50 Minuten backen. Das Blech bewirkt, daß die Brote nicht zu stark aufgehen, sondern kompakt werden. Die fertigen Brote mit Wasser einpinseln und auf einem Gitter, mit einem Tuch bedeckt, abkühlen lassen.

Gundas Brot
(1 großer Laib)

Saftiges, gut haltbares Brot, das seinen guten Geschmack dem Apfelsinensaft verdankt. Dieser kann unter Umständen gegen 1 EL gemahlene Pomeranzenschale und 200 ml Wasser ausgetauscht werden.

ca. 300 g Roggenmehl
300 ml kochendes Wasser
2 TL Salz
2 TL zerriebener Fenchel oder Kümmel
200 ml verdünnter Apfelsinensaft
50 g Hefe
ca. 400 g Weizenmehl

Das Roggenmehl in die Teigschüssel geben. Das kochende Wasser darübergießen und umrühren. Die Masse abkühlen, eventuell über Nacht stehen lassen. Danach Salz und Brotgewürze zugeben. Den Saft erwärmen. Die zerkrümelte Hefe darin auflösen. Die Hefelösung in die Teigschüssel gießen. Das Weizenmehl daruntermischen, etwas zum Ausformen zurückbehalten. Den Teig ca. 30 Minuten gehen lassen. Auf das eingemehlte Backbrett geben. Mit dem Rest des Weizenmehles kneten. Zu einem großen Laib formen und auf das Blech legen. Mit einem nassen Messer einige schräge Schnitte in den Laib machen. Bis fast zur doppelten Größe gehen lassen.
Bei 200° ca. 50 Minuten backen.

Schonenlaibe
(2 Kastenbrote)

Ein saftiges Roggenbrot, das mitunter auch als Schonisches Schwarzbrot bezeichnet wird. Der Teig kann eventuell auch mit 1½ bis 2 EL zerstoßenem oder gemahlenem Kümmel gewürzt werden. Um ein gutes Ergebnis zu bekommen, sind gründliches Kneten und ein fester Teig erforderlich.

1 l kochendes Wasser
ca. 850 g grobes Roggenmehl
75 g Hefe
1 EL Salz
100 ml saure Milch
oder 1 TL Essigessenz
3–4 EL Sirup
ca. 650 g Weizenmehl

Zum Einpinseln
warmes Wasser

Das kochende Wasser über das Roggenmehl gießen und die Masse gut vermengen. Zugedeckt über Nacht stehen lassen. Am nächsten Tag Hefe, Salz, saure Milch oder Essig und Sirup zugeben. 30 Minuten gehen lassen, dann das Weizenmehl einarbeiten, so daß ein fester Teig entsteht. Gründlich kneten und den Teig halbieren. Jedes Teil zu einem glatten Laib formen. Die Laibe in gefettete Kastenformen geben. Bis knapp zur doppelten Größe gehen lassen.
Bei 175° ca. 1½ Stunden backen. Kurz bevor die Brote aus dem Ofen genommen werden, mit warmem Wasser einpinseln; eingewickelt abkühlen lassen.

Oskars Roggenlaibe
(4 Stück)

Dies sind schöne, leicht mit Sirup gesüßte Brote. Sie werden dadurch auch etwas leichter und poröser. Verringert man den Sirupanteil, sollte man statt dessen 50 bis 75 g Margarine oder Öl zugeben, damit die Brote nicht trokken werden.

1 l Wasser
½ EL Kümmel
1–2 TL Salz
ca. 450 g Roggenmehl
2 getrocknete Pomeranzenschalen
100 g Hefe
½ Tasse Sirup
ca. 900 g Weizenmehl

Das Wasser mit Kümmel und Salz aufkochen. Das Roggenmehl damit übergießen. Durchmischen und ca. 1 Stunde, bzw. bis es handwarm ist, stehen lassen. Die Pomeranzenschale in etwas Wasser kochen. Das Weiße an der Schale wegschneiden und die Schale fein hacken. Zusammen mit der zerkrümelten und in etwas lauwarmem Wasser aufgelösten Hefe und dem Sirup zugeben. Nach und nach das Weizenmehl einarbeiten. Den Teig in der Schüssel gehen lassen. Kneten und zu Laiben formen. In eine längliche Form, 30 mal 40 cm, legen und an den Stellen, wo sie aneinanderstoßen, mit etwas Öl einpinseln. Gehen lassen.
Bei 200° ca. 40 Minuten backen.

Gotlandsbrot
(4 runde Laibe)

Ein saftiges, süß-saures Brot mit dem schönen Geschmack von Pomeranzen, Anis und Fenchel. Das ursprüngliche Rezept enthält bedeutend mehr Sirup (ca. 3–4 EL), doch kann man diese Menge recht gut etwas verringern, ohne daß das Brot seinen Charakter verliert.

1½ l Wasser
1 EL Essigessenz
1 EL Salz
ca. 1 kg feines Roggenmehl
4 getrocknete oder
2–3 EL gemahlene Pomeranzenschale
1 EL zerriebener Anis und Fenchel
2 EL Sirup
100 g Hefe
ca. 1,1 kg Weizenmehl

Zum Einpinseln
Kaffee
Sirup

Das Wasser aufkochen, Essig und Salz zufügen. Die Mischung über das feine Roggenmehl schütten und einen Teig arbeiten, der zugedeckt über Nacht stehen bleibt. Dann mit den Gewürzen, dem Sirup und der Hefe – in etwas lauwarmem Wasser oder in Milch angerührt – vermengen. Das Weizenmehl einarbeiten, so daß der Teig ziemlich fest wird. Gehen lassen. Zu runden Laiben formen und auf dem Backbrett gehen lassen.
Bei 200° ca. 50 Minuten backen. Sobald die Laibe aus dem Ofen kommen, mit einer Mischung aus Kaffee und etwas Sirup einpinseln. Die Brote einwickeln, damit sie langsam abkühlen und ihre Saftigkeit behalten (siehe Bild rechts).

Österreichisches Brot mit Kartoffeln
(2 Laibe)

Ein saftiges, kräftiges Brot, das in dünne Scheiben geschnitten werden sollte.

Teig 1
ca. 450 g Roggenmehl
1 EL Salz
½ l Wasser

Teig 2
300 ml Wasser
50 g Hefe
1 EL Öl
1 EL Kümmel
100 g Weizenkeime
2 gekochte, zerquetschte Kartoffeln
ca. 700 g Weizenmehl

Das Roggenmehl mit dem Salz in die Teigschüssel geben. Das Wasser aufkochen und darübergießen. Umrühren und abgedeckt bis zum nächsten Tag stehen lassen. Das Wasser von Teig 2 handwarm werden lassen. Die Hefe hineinkrümeln und umrühren, bis sie vollständig aufgelöst ist. Die Hefelösung an Teig 1 gießen. Die übrigen Zutaten hineinmischen. Den Teig kräftig durcharbeiten, zuerst in der Schüssel, dann auf dem Backbrett. In 2 Hälften teilen und zu rundlichen Laiben formen. Auf das Blech geben und bis zur doppelten Größe etwa 45 Minuten gehen lassen. Eventuell etwas grobes Roggenmehl darüberstreuen.
Bei 200° ca. 50 Minuten backen.

Feines Brühteigbrot
(3 bis 4 Laibe)

Ein saftiges, ungesüßtes Brot, das seine Saftigkeit dem gebrühten Mehl verdankt. Einen Teil des feinen Roggenmehls kann man gegen grobes Roggenmehl austauschen.

1 l Wasser
1,4 kg feines Roggenmehl
1 EL Salz
50 g Hefe
knapp 100 ml Wasser

Zum Einpinseln
Wasser

Das Wasser bis kurz vor den Kochpunkt erhitzen und über die Hälfte des feinen Roggenmehls und das Salz gießen. Den Teig so arbeiten, daß er geschmeidig wird. Zugedeckt bis zum nächsten Tag stehen lassen. Die Hefe in handwarmem Wasser auflösen. Zusammen mit dem restlichen feinen Roggenmehl in das gebrühte Mehl einarbeiten. Den Teig bis fast zur doppelten Größe gehen lassen. Auf dem Backbrett weiter bearbeiten. In 3 bis 4 gleich große Stücke teilen. Zu glatten Laiben formen und auf einem gefetteten Blech zu doppelter Größe gehen lassen.
Bei 175° ca. 1¼ Stunden backen. Kurz bevor die Laibe aus dem Ofen genommen werden, mit Wasser einpinseln. Dann eingewickelt abkühlen lassen.

Backpulverbrot

Backpulverbrot ist rasch gebacken. Es sollte ganz frisch gegessen werden, denn schon am nächsten Tag kann es etwas bitter schmecken. Dieses rasch gebackene Brot sollte nicht unser tägliches Brot sein, weil das Backpulver die Vitamine der B-Gruppe im Mehl zerstört. Als Treibmittel nimmt man in der Regel Backpulver oder Bikarbonat. Diese Mittel geben erst dann Kohlendioxid (Kohlensäure) ab, wenn das Brot in den Backofen kommt. Mit steigender Temperatur im Backofen entwickelt sich schrittweise die Kohlensäure, und das Brot geht auf. Backpulverteige müssen also nicht sofort gebacken werden, solange sie kein heißes Fett oder kochendheiße Flüssigkeit enthalten.

Backpulver ist eine Mischung von Bikarbonat, sauren Phosphaten und Stärke. **Bikarbonat** besteht aus reinem Natriumbikarbonat. Damit es wirken kann, muß man irgendeine Säure zusetzen, z. B. saure Milch. Wenn die Säure fehlt, kann das Brot sehr leicht einen laugenartigen Geschmack bekommen. Bikarbonat kann durch Backpulver ersetzt werden. 1 TL Bikarbonat entspricht 2 TL Backpulver. Alle Backpulverteige sollten schnell gearbeitet werden, denn zu stark bearbeitete Teige ergeben ein zähes Brot. Teige, die flach verarbeitet oder ausgerollt werden sollen, müssen vor dem Ausformen eine Weile kalt stehen. Das Mehl kann dann ausquellen, und man braucht auf dem Backbrett kaum weiteres Mehl zuzusetzen.

Scones

(Brötchen aus Rührteig)
(4 Kuchen oder 16 Teile)

Luftige, leichte Brötchen, die ganz frisch gegessen werden sollten, eventuell in schwacher Hitze aufgebacken. Man kann sie verschieden formen, z. B. kann man den Teig in Törtchenformen geben oder wie Brötchen direkt auf das Blech setzen oder mit Sesam oder Mohn bestreuen oder längliche Laibe wie Stangenweißbrot machen. Das Weizenmehl läßt sich ganz oder teilweise gegen andere Mehlsorten austauschen.

ca. 500 g Weizenmehl
½ TL Salz
1 TL Zucker
5 TL Backpulver
75–100 g Margarine
400 ml Milch

Die trockenen Zutaten miteinander vermengen. Das Fett in der Mehlmischung fein verteilen und die Milch zugeben. Den Teig schnell zusammenarbeiten. In 4 Stücke aufteilen. Jedes Teil zu einem runden, recht dikken Kuchen klopfen oder rollen. Auf ein gefettetes Blech geben. Die Kuchen in 4 Teile schneiden. Mit einer Gabel Löcher einstechen.
Bei 275° ca. 12 Minuten backen (siehe Bild S. 134).

Brottörtchen
(12 Stück)

Leichte, luftige Törtchen, die frisch gebacken mit Butter gereicht werden sollten. Der richtige Rettungsanker, wenn einem zum abendlichen Tee ein weiches Brot fehlt. Wer für Backpulvergeschmack empfindlich ist, kann die Menge auf 2 TL verringern.

50 g Margarine oder Butter
ca. 250 g Weizenmehl
5–6 EL Weizenkleie
2 EL brauner Farinzucker
3 TL Backpulver
½ TL Salz
1 Ei
¼ l Milch

Das Fett zerlassen. Alle trockenen Zutaten in einer Schüssel vermengen. Das Ei, die Milch und das zerlassene Fett zugeben. Den Teig rasch zusammenmischen. Nur so viel rühren, daß die trockenen Zutaten feucht werden. Der Teig braucht nicht glatt zu sein. Den Teig in die eingefetteten Törtchenformen – oder in Papierformen – geben.
Bei 200 bis 225° ca. 20 Minuten backen. Servieren, sobald sie etwas abgekühlt sind (siehe Bild rechts).

Scones mit Weizenkeimen

(3 bis 4 Kuchen, 12 bis 16 Stück)

Besonders gute Rührteigbrötchen mit einer schönen goldenen Farbe, die von dem frisch gepreßten Mohrrübensaft herrührt. Ihm verdanken die Brötchen auch ihren guten Geschmack. Man sollte sie frisch gebakken essen und nicht aufheben, weil sie sonst rasch einen etwas bitteren Geschmack bekommen.

ca. 100 g Weizenmehl
½ Tasse Weizenkeime
ca. 50 g Grahammehl
3 TL Backpulver
2 EL Milchpulver
½ TL Salz
(1 EL Rohrzucker oder brauner Farinzucker)
200 ml Möhrensaft
2 EL Öl

In einer Schüssel Weizenmehl, Weizenkeime, Grahammehl und Backpulver mischen. Das Milchpulver, Salz und eventuell Zucker zusetzen. Möhrensaft und Öl zugießen und alles zu einem lockeren Teig vermengen. 3 oder 4 Kreise auf einem Blech mit Öl bestreichen und etwas Weizenkeime daraufstreuen. Mit einem Löffel den Teig auf das Blech setzen und über jeden Kuchen Weizenkeime streuen. Mit der leicht eingemehlten Hand zu 1½ cm dicken Sconekuchen flach drücken. Gleichmäßig rund machen und mit der Rückseite eines Messers in 4 Teile schneiden.
Bei 250° backen, bis die Brötchen leicht und spröde sind. Abkühlen lassen und auseinanderbrechen oder -schneiden. Gleich mit Butter, Käse oder Marmelade servieren.

Buchweizenscones

(2 Kuchen, 8 Stück)

Dies sind lockere, leichte Rührteigbrötchen. Wer Weizenmehl schlecht verträgt, kann es gegen Kartoffelmehl austauschen.

ca. 100 g Buchweizen
ca. 150 g Weizenmehl
½ TL Salz
3 TL Backpulver
3 EL Margarine oder Butter
150 ml Milch

Die trockenen Zutaten in einer Schüssel vermengen. Das Fett in der Mehlmischung fein verteilen und die Milch zugießen. Den Teig rasch zusammenrühren. In 2 Hälften teilen. Gleich auf dem gefetteten Blech zu runden Kuchen formen. Mit einem eingemehlten Messer kreuzweise die Kuchen in 4 Teile schneiden.
Bei 200° ca. 15 Minuten backen. Die Kuchen etwas abkühlen lassen, bevor sie auseinandergebrochen werden.

Janes Backpulverbrötchen

(12 bis 14 Stück)

Dies ist ein etwas anderes Backpulverbrot. Die Brötchen bekommen erst ihre Luftigkeit im kochenden Wasser und dann ihre Farbe im Ofen. Gut zum Auseinanderbrechen, eignen sich zu Salaten und Suppen.

ca. 300 g Weizenmehl
1½ TL Salz
3 TL Backpulver
1 Ei
200 ml Milch
kochendes Wasser

Mehl, Salz und Backpulver in einer Schüssel vermischen. Das Ei und die Milch zufügen und alles zusammenrühren. Den Teig zäh und geschmeidig kneten. In Stücke teilen. Jedes Stück ca. 15 cm lang ausrollen und zu einer Schlinge formen. Die Enden zusammendrücken. Das Blech sehr gut einfetten. Die Schlingen, immer einige zusammen, in kochendes Wasser legen. Aufschwimmen und dann noch einen Augenblick im Wasser liegen lassen. Mit einem Schaumlöffel herausnehmen und auf das Blech legen.
Bei 250° backen, bis sie eine schöne Farbe angenommen haben, etwa 15 Minuten.

Gebrühtes Backpulverbrot

(ca. 20 »Kuchen«)

Dieses Rezept stammt aus Västmanland (nordwestlich von Stockholm), doch gibt es viele ähnliche Rezepte aus anderen Teilen Schwedens. Das Roggenmehl kann man gegen andere Mehlsorten austauschen, z. B. Weizen, Graham usw. Das Brot sollte frisch gebacken gegessen und nicht alt werden.

350 ml Wasser
ca. 400 g Roggenmehl
1 TL zerstoßener Anis
1 TL zerstoßener Fenchel
1 TL Backpulver
1 TL Salz
Margarine oder Butter

Das Wasser aufkochen, über die Hälfte des Mehls gießen und abkühlen lassen. Die übrigen trockenen Zutaten zugeben. Der Teig soll ziemlich fest sein. Zum Ausformen etwas von dem Mehl zurückbehalten. Den Teig zu einem länglichen Laib formen. In gleich große Stücke teilen. Diese zu runden »Kuchen« ausrollen, etwa so groß wie für ein Waffeleisen. Die »Kuchen« von beiden Seiten mit Löchern versehen. Die Pfanne mit etwas Fett einreiben. Aufheizen und die »Kuchen« von jeder Seite ein paar Minuten backen. Die Wärme sollte nicht zu stark sein.

Sconeslaib
(1 Kastenbrot)

Dies ist ein saftiges Kastenbrot ohne Hefe. Das Weizen- und das Grahammehl kann man gegen fertige Mehlmischungen austauschen. Am besten läßt man das Brot kalt werden, bevor man es in Scheiben schneidet.

ca. 250 g Weizenmehl
ca.250 g Grahammehl
½ TL Salz
1 TL Zucker
5 TL Backpulver
100 g Margarine oder Butter
400 ml Milch

Die trockenen Zutaten in einer Schüssel vermengen. Das Fett fein in der Mehlmischung verteilen und die Milch zugeben. Den Teig in eine eingefettete, rechteckige Kastenform gießen.
Sofort bei 150° ca. 1 Stunde backen. Eingewickelt auskühlen lassen.

Rosinenbrot
(1 Kastenbrot)

Dieses Brot ist ein Zwischending zwischen normalem Brot und einem weichen Kuchen. Das abgekühlte Brot wird in Scheiben geschnitten.

ca. 200 g Weizenmehl
ca. 150 g Grahammehl
2 TL Backpulver
¾ Tasse Rosinen
70 g Zucker
300 ml saure Milch
5–6 EL Sirup

Alle trockenen Zutaten und die Rosinen mischen. Saure Milch und Sirup hinzufügen. Die Masse zusammenrühren und in eine eingefettete, mit Brotkrümeln bestreute Form gießen. Bei 200° ca. 45 Minuten backen. Das Brot abkühlen lassen.

Grobes Kastenbrot
(1 Kastenbrot)

Ein Brot, das seinen guten Geschmack den Brotgewürzen verdankt.

ca. 150 g grobes Roggenmehl
ca. 150 g feines Roggenmehl
1 TL Salz
4 TL Backpulver
½ EL zerriebener Anis und Fenchel
300 ml saure Milch
3–4 EL Sirup

In einer Schüssel die trockenen Zutaten mischen. Milch und Sirup zugeben. Den Teig glatt und gleichmäßig arbeiten. In eine eingefettete, längliche Kastenform geben. Die Oberfläche glätten.
Bei 175° ca. 1 Stunde backen.

Mürbe Kekse

Mürbe Kekse passen zu einer Tasse Kaffee oder Tee ebenso gut wie zu einer Käseplatte. Man kann die Kekse aus jeder beliebigen groben Mehlsorte backen, doch muß der Teig immer mit Weizenmehl ausgeformt werden. Man rollt den Teig dünn aus, was auch auf dem Backpapier möglich ist, und versieht ihn sorgfältig mit Löchern, damit es im fertigen Keks keine Blasen gibt. Die Kekse werden langsam gebacken, bis sie trocken geworden sind. Sollten sie während der Aufbewahrung weich werden, kann man sie kurz in schwache Ofenwärme geben, sie werden dann wieder mürbe.

Roggenkekse
(ca. 45 Stück)

Kekse mit gutem, saftigen Roggengeschmack, die sehr gut zu Käse passen, besonders zu Käsesorten mit kräftigem Geschmack.

100 g Margarine oder Butter
100 ml Milch
2 TL Hirschhornsalz
½ TL Salz
ca. 100 g Roggenmehl
ca. 150 g Weizenmehl

Das Fett zerlassen und die Milch zugießen. In einem kleinen Teil der Milch das Hirschhornsalz anrühren. Alle Zutaten zu einem gleichmäßigen Teig mischen. Eine gute Weile kalt stehen lassen. Dann den Teig direkt auf den eingefetteten Blechen zu dünnen Platten ausrollen, so daß die Bleche bedeckt sind. Viereckige Kekse von 6 mal 6 cm mit dem Messer ausschneiden oder ausrädeln.
Bei 200° ca. 10 Minuten schön goldgelb backen.

Grahamkekse
(ca. 80 Stück)

Mürbe, aber haltbare Kekse, die gut mit Butter und Marmelade oder Käse zum Tee passen.

½ l Wasser
ca. 200 g Grahammehl
3 EL Hirschhornsalz
150 g zerlassene, abgekühlte Butter oder Margarine
ca. 300 g Weizenmehl

Das Wasser, bis auf 150 ml, aufkochen und in einer Schüssel über das Grahammehl gießen. Einige Stunden stehen lassen. Das Hirschhornsalz mit dem zurückbehaltenen Wasser mischen. Alle Zutaten zu einem gleichmäßigen und feinen Teig kneten, jedoch etwas Weizenmehl zum Ausformen zurückbehalten. Den Teig zu einer dünnen Platte ausrollen. Mit einer Gabel Löcher einstechen und runde Kekse mit ca. 8 cm Durchmesser ausstechen. Auf die Bleche geben.
Bei 225° 8 bis 10 Minuten backen.

Weizenkekse
(ca. 45 Stück)

Dies sind gute, mürbe Weizenkekse. Man kann auch ein Mehl mit einem höheren Ausmahlungsgrad nehmen, die Kekse bekommen dann eine etwas gröbere Konsistenz. Auch läßt sich das Weizenmehl sehr gut gegen Graham- oder Roggenmehl austauschen.

100 g Margarine oder Butter
100 ml Milch
ca. 350 g Weizenmehl
1 TL Backpulver oder
½ TL Hirschhornsalz
1 TL Zucker
½ TL Salz

Das Fett zerlassen und die Milch zugießen. In einer Schüssel die trockenen Zutaten mischen. Die Flüssigkeit zusetzen. Den Teig rasch zusammenarbeiten. Ruhig eine kleine Weile liegen lassen. Direkt auf dem Backpapier zu einem großen, rechteckigen, sehr dünnen Kuchen ausrollen. Mit einer Gabel Löcher einstechen. Viereckige Kekse von 6 mal 6 cm ausschneiden oder -rädeln.
Bei 200° ca. 10 Minuten schön goldgelb backen (siehe Bild links).

Gute, haltbare Haferkekse

(ca. 50 Stück)

Bei diesen guten, haltbaren Keksen lohnt es sich, eine größere Menge zu backen. Am zweckmäßigsten werden sie direkt auf dem Backpapier geformt.

1 Tasse Hafergrütze
300 ml Milch
1 Tasse gedämpfte Haferflocken
125 g Margarine oder Butter
1 TL Salz
1 EL Hirschhornsalz, aufgelöst in etwas Wasser
ca. 250 g Weizenmehl

Die Hafergrütze ca. 12 Stunden in der Milch einweichen. Die übrigen Zutaten mischen. Auf dem Backbrett den Teig bearbeiten. Eventuell etwas Mehl zusetzen. Den Teig ausrollen, bis er ungefähr 2 cm dick ist. Runde Kekse von ca. 9 cm Durchmesser ausstechen. Die Kekse mit Löchern versehen und auf das Backpapier legen. Bei 200° backen, bis sie eine schwach goldbraune Farbe angenommen haben (siehe Bild unten).

Tantes Haferkekse

(ca. 50 Stück)

Mürbe, etwas süße Kekse, die einen feinen Hafergeschmack haben. Schmecken gut zum Tee, mit Butter, Käse oder Marmelade bestrichen.

75 g Margarine oder Butter
¼ l Milch
ca. 4 Tassen Haferflocken
1 EL Hirschhornsalz
40 g Zucker
ca. 100 g Weizenmehl

Das Fett zerlassen und abkühlen lassen. Die Milch über Haferflocken, Hirschhornsalz und Zucker gießen. Das Fett zugeben. Auf dem leicht bemehlten Backbrett den Teig ziemlich dünn ausrollen. Mit einer Form, ca. 8 cm Durchmesser, runde Plätzchen ausstechen. Auf die Bleche geben. Mit einer Gabel Löcher einstechen.
Bei 225° 8 bis 10 Minuten backen. Trocken aufbewahren (siehe Bild links).

Hartbrot

Selbstgebackenes Hartbrot, sogenanntes Knäckebrot, kann im Hinblick auf die Konsistenz nicht mit dem industriell hergestellten Brot verglichen werden. Es wird nur selten so mürbe wie das industriell gebackene. Am besten wird das Brot, wenn es in gemauerten Öfen gebacken wird, was allerdings heute nur sehr wenigen möglich ist. Man erzielt aber auch in elektrischen Öfen recht gute Ergebnisse.
Fladenbrote werden am besten mit einem Nudelholz ausgerollt und dann mit einer Gabel gelöchert. Dadurch wird das Brot gut durchgebacken und trocknet beim Backen gleichmäßig aus.

Feines Knäckebrot
(10 Fladen)

Das feine Mehl kann gegen grobes ausgetauscht werden, z. B. extra grobes Roggen- und grobes Weizenmehl, oder gegen feines Brotmehl.

75 g Hefe
150 ml Milch
ca. 100 g Roggenmehl
ca. 100 g Weizenmehl
100 g Margarine oder Butter
150 ml Milch
ca. 150 g Roggenmehl
ca. 150 g Weizenmehl

Die handwarme Milch über die zerkrümelte Hefe gießen. 100 g Roggenmehl und 100 g Weizenmehl einarbeiten. Den Teig 10 Minuten zum Gehen beiseite stellen. Das Fett auslassen und die restliche Milch erwärmen. Mit so viel Roggen- und Weizenmehl verarbeiten, daß ein fester Teig entsteht. Den Teig weitere 30 Minuten gehen lassen. Danach auf das Backbrett geben und so lange kneten, bis er glänzend und geschmeidig wird. Mit dem Nudelholz zu dünnen Fladen von ca. 25 cm Durchmesser ausrollen, was man auch gleich auf dem gefetteten Blech oder auf dem Backpapier machen kann. Die Fladen mit Löchern versehen und 20 bis 30 Minuten gehen lassen.
Bei 225° ca. 5 Minuten backen.

Grobes Knäckebrot
(ca. 30 Ringe)

Dieses Rezept benutzte man früher für Brote, die in einem eingebauten Backofen gebacken wurden. Die Brote trockneten dann, an Stangen aufgereiht, im Dach nach. Rollt man den Teig dünn aus, kann man die Brote mit gutem Ergebnis in einem normalen elektrischen Ofen backen und dann darin trocknen.

1 l Wasser
ca. 1¼ kg grobes Roggenmehl
100 g Hefe
1 TL Salz
1 EL Zucker
200 g zimmerwarme Margarine
ca. 800 g feines Roggenmehl

Das Wasser erwärmen und in eine Schüssel gießen. Das grobe Mehl, die zerkrümelte Hefe sowie Salz, Zucker und Fett zugeben. Den Teig geschmeidig kneten. Vom Rand abkratzen, Mehl darüberstreuen und 10 Minuten gehen lassen. Auf das Backbrett geben und das feine Roggenmehl einarbeiten. Den Teig ausrollen und Ringe von etwa 20 cm Durchmesser ausstechen. Am besten ein Nudelholz benutzen und in die Ringe mit der Gabel Löcher stechen. Alle Ringe auf einmal ausformen. Sie können nebeneinander auf dem Tisch liegen. Nacheinander auf die Bleche legen. Am besten im Backofen gehen lassen.

Nach 10 Minuten kann man sie bei 275° backen. 2 Bleche werden jeweils auf einmal eingeschoben. Sobald die Brote des oberen Blechs etwas hellbraun geworden sind, tauscht man die Bleche aus und läßt die Brote fertig backen. Die Brote trocken aufbewahren, am besten im Backofen (siehe Bild unten).

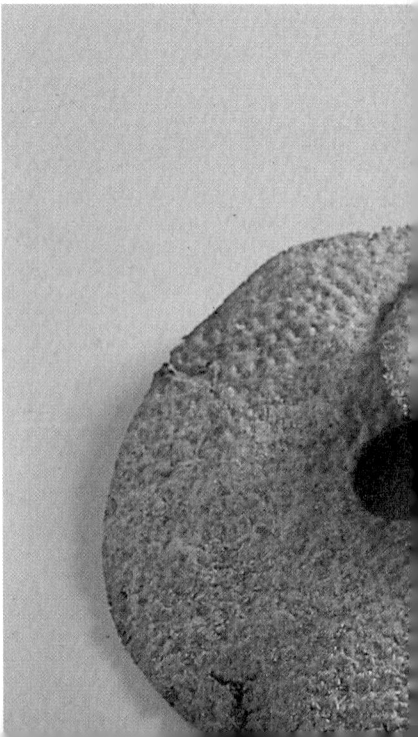

Åsas Fladenbrot
(6 Fladen)

Ein grobes, hartes Brot, das man schnell und leicht oben auf der Herdplatte backen kann. Es wird sicher zu den Lieblingsbroten zählen. Junge Brennesselschößlinge kann man im Frühjahr selbst pflücken und, auf Zeitungen ausgebreitet, bei Zimmertemperatur ca. 2 Wochen trocknen. Es gibt auch Brennesselpulver in Reformhäusern zu kaufen. Man kann ruhig auch »grobes« Weizenmehl nehmen.

200 ml Wasser
2 EL gehackte, getrocknete Brennesseln
2 EL Leinsamen
½ TL Meersalz
½ Tasse ganzer Buchweizen
1½ TL Backpulver
ca. 250 g Weizenmehl

In einer Schüssel Wasser, Brennesseln, Leinsamen, Salz und Buchweizen mischen. In 200 g des Weizenmehles das Backpulver mischen und in die Schüssel geben. Den Teig etwas kneten. So viel Mehl zugeben, daß der Teig ausgerollt werden kann. Den Teig auf das Backbrett geben und in 6 Stücke teilen. Zu dünnen, runden Fladen ausrollen, so groß wie eine Bratpfanne.
Die Pfanne auf der höchsten Heizstufe leer erhitzen. Dann die Hitze etwas verringern. Die Fladen jeweils einzeln von jeder Seite 3 bis 4 Minuten backen (siehe Bild rechts).

Roggenknäcke
(120 Stück)

Ein gutes Knäckebrot, das einen schönen Roggengeschmack hat. Möchte man ein noch gröberes Brot haben, kann man 50 g Roggenmehl gegen 50 g gequetschten Roggen austauschen, den man eventuell eine Weile in einem Teil der Milch quellen läßt.

½ l Milch
25 g Hefe
1 TL Salz
2 EL Zucker
2 Tassen Roggenflocken
ca. 350 g Roggenmehl
ca. 400 g Weizenmehl
2 EL Hirschhornsalz

In einer Kasserolle das Fett zerlassen. Die Milch zugießen und erwärmen. Zu der zerkrümelten Hefe die Flüssigkeit gießen. Die übrigen Zutaten, außer dem Hirschhornsalz und einem Teil des Weizenmehls, zugeben. Den Teig geschmeidig kneten. Eine Weile gehen lassen. Das Hirschhornsalz, vermischt mit etwas Wasser oder Weizenmehl, zusetzen. In den Teig einarbeiten. Auf dem Backpapier oder direkt auf den gefetteten Blechen ausrollen. In den Teig Löcher stechen. Rechteckige Felder von ca. 6 mal 10 cm ausrädeln.
Sofort bei 225° ca. 6 Minuten backen. Das Brot auseinanderbrechen, solange es warm ist, und eventuell bei schwacher Wärme nachtrocknen lassen (siehe Bild unten).

Großmutters Weizenknäcke
(90 Stück)

Bei diesem schönen, knusprigen Knäckebrot aus Weizen kann man eventuell einen Teil des Weizenmehls gegen Grahammehl austauschen.

100 g Margarine
½ l Milch
30 g Hefe
1 TL Salz
2 EL Zucker
1 EL Kümmel
ca. 900 g Weizenmehl
2 EL Hirschhornsalz

Das Fett in einer Kasserolle zerlassen und die Milch zufügen. Eventuell erwärmen. Die zerkrümelte Hefe in die Flüssigkeit gießen und die übrigen Zutaten, außer dem Hirschhornsalz und einem Teil des Weizenmehls, zugeben. Den Teig gut kneten und eine Weile gehen lassen. Das Hirschhornsalz, gemischt mit etwas Weizenmehl oder Wasser, in den Teig arbeiten. Ganz dünn direkt auf den gefetteten Blechen oder auf dem Backpapier, das dann auf die Bleche gezogen wird, ausrollen. Rechteckige Felder von 8 mal 10 cm ausrädeln und den Teig einstechen.
Sofort bei 225° ca. 6 Minuten backen. Das Brot auseinanderbrechen, solange es noch warm ist, und eventuell bei schwacher Hitze nachtrocknen lassen.

Fladenbrot
(25 Fladen)

Fladenbrot kann man auch in einem elektrischen Ofen backen, selbst wenn es nicht ganz genauso wird wie früher in den gemauerten Öfen. Man kann es aber auch nicht mit den Broten vergleichen, die man im Laden kaufen kann.

10 g Hefe
1 l Milch
1 ml Hirschhornsalz
1 ml Salz
ca. 450 g Grahammehl
ca. 1,1 kg Weizenmehl

Die Hefe in etwas kalter Milch anrühren. Den Rest erwärmen. Das Hirschhornsalz und das mit dem Salz vermischte Grahammehl zugeben. Nach und nach das Weizenmehl einarbeiten und den Teig 1 Stunde gehen lassen. Dann in 25 Stücke teilen und jedes Stück zu einer Kugel formen. Diese zu einem dicken Fladen ausrollen. Dann den Fladen mit einem Nudelholz so lange ausrollen, bis er millimeterdünn ist. Auf ein heißes Blech geben.
Bei 300° ca. 3 Minuten backen.

Herdfladenbrot
(12 bis 14 Fladen)

Fladenbrot sollte am besten in gemauerten Öfen gebacken werden, aber dieses rasch oben auf dem Herd gebackene Brot bietet doch einen guten Ersatz.

15 g Hefe
½ l Milch
1 ml Hirschhornsalz
½ ml Salz
ca. 200 g Gerstenmehl
ca. 550 g Weizenmehl

In etwas kalter Milch die Hefe anrühren. Die restliche Milch erwärmen. Hirschhornsalz und das mit Salz gemischte Gerstenmehl zugeben. Nach und nach das Weizenmehl einarbeiten. Den Teig in 12 bis 14 Stücke aufteilen und jedes Stück zu einer Kugel formen. Jede Kugel zu einem ½ cm dicken Fladen ausrollen. Dann den Fladen mit einem Nudelholz ausrollen, bis er millimcterdünn ist. Je dünner der Fladen, desto fester wird er als Brot.
Den Fladen auf die heißen Herdplatten geben und von jeder Seite ca. 2 Minuten backen. Werden die Fladen aufeinander unter einem Tuch aufbewahrt, bleiben sie weich.

Knuspriger Zwieback

Ein »Butterbrotzwieback«, der mit Fett, Käse oder Marmelade serviert wird, sollte rund oder oval und recht groß sein. Um schöne, mürbe Zwiebäcke zu bekommen, ist es wichtig, daß der Teig gut gehen kann. Man sollte auch nicht mehr Mehl nehmen, als für einen geschmeidigen und formbaren Teig notwendig ist. In der Regel sollte der Teig eine lockerere Konsistenz haben als bei gewöhnlichen Broten. Das Ausbacken muß sehr rasch erfolgen. Wichtig ist es, daß der Zwieback nach dem ersten Backen richtig auskühlt, bevor er auseinandergebrochen wird, denn sonst wird die Kante beim Trocknen leicht zu fest und hart. Das »Farbe geben« (rösten) sollte bei mittlerer Temperatur (175°) erfolgen, die Trocknung aber langsam bei sehr schwacher Hitze.

Holländischer Zwieback

(80 bis 100 Stück)

Dieser große, leichte Zwieback hat seine luftige Beschaffenheit den Eiern und seine mürbe Konsistenz der großen Menge Fett zu verdanken. Er kann gut mit Butter zu Tee gereicht werden.

200 g Margarine oder Butter
¼ l Sahne
¼ l Wasser
75–100 g Hefe
ca. 1 kg Weizenmehl
3 Eier
125 g Zucker
Salz

Die Hälfte des Fetts zerlassen, Sahne und Wasser zusetzen und erwärmen. Die zerkrümelte Hefe in einem Teil der Flüssigkeit verrühren, dann die restliche Flüssigkeit zugießen. Einen Teil des Mehls, Eier, Zucker und eine Prise Salz sowie weiteres Mehl zugeben. Den Teig bis knapp zur doppelten Größe gehen lassen. Das restliche Fett einarbeiten und den Teig geschmeidig kneten. Zu runden Brötchen formen. Auf ein gefettetes Blech legen. Aufgehen lassen, ganz leicht drücken, so daß sie gleich dick werden. Noch einmal gehen lassen.
Bei 275° 6 bis 7 Minuten backen. Sobald sie ausgekühlt sind, die Brötchen mit einem nassen Messer teilen und bei 175° hellgelb rösten. Bei 125° nachtrocknen lassen.

Vitaminzwieback

(ca. 50 Stück)

Bei diesem Weizenzwieback kann man das gewöhnliche Weizenmehl gegen ein grobes oder gegen feines Brotmehl austauschen.

150 g Margarine oder Butter
½ l Milch
50 g Hefe
90 g Zucker
½ TL Salz
½ Tasse Weizenkeime
ca. 700 g Weizenmehl

Das Fett zerlassen und die Milch erwärmen. Die zerkrümelte Hefe mit Zucker, Salz und Weizenkeimen mischen, etwas Flüssigkeit zusetzen und umrühren, bis sich die Hefe aufgelöst hat. Mit der restlichen Flüssigkeit übergießen und das Mehl einarbeiten. Den Teig auf das Backbrett geben und nochmals kneten. Runde Brötchen ausformen und ziemlich weit auseinander auf gefettete Bleche legen. Die Brötchen etwas aufgehen lassen und dann mit der Hand flach drücken. Noch einmal eine Weile gehen lassen.
Bei 250° ca. 10 Minuten backen. Nachdem sie abgekühlt sind, mit einer Gabel auseinanderbrechen, im Ofen rösten und dann bei 75 bis 100° so lange backen, bis sie richtig trokken und spröde geworden sind (siehe Bild rechts).

Grahamzwieback
(ca. 70 Stück)

Dieser Zwieback ist sehr nützlich bei schlechter Verdauung. Außerdem enthält er ziemlich viel Vitamin B. Ein Teil des Weizenmehls kann gegen Weizenkleie und Weizenkeime ausgetauscht werden.

150 g Margarine
½ l Milch
50 g Hefe
ca. 400 g Grahammehl
½ TL Salz
1 TL Hirschhornsalz
ca. 450 g Weizenmehl

Das Fett zerlassen, die Milch zusetzen und beides erwärmen. In einem Teil der Flüssigkeit die Hefe anrühren und dann über das Weizenmehl gießen. Das Salz zugeben und den Teig zur doppelten Größe gehen lassen. Das Hirschhornsalz mit einem kleinen Teil des Weizenmehls mischen und in den Teig kneten. Das restliche Mehl zugeben. Den Teig geschmeidig kneten und zu Laiben ausrollen. In gleich große, längliche Stücke schneiden. Mit der Schnittkante nach oben auf die Bleche legen. Auf den gefetteten Blechen gehen lassen.
Bei 225° backen, bis sie Farbe angenommen haben. Die Laibe aus dem Ofen nehmen und mit Hilfe einer Gabel auseinanderbrechen. Bei 175° so lange backen, bis die Schnittkanten Farbe angenommen haben. Dann den Ofen auf 75° herunterschalten und ca. 1½ Stunden nachtrocknen lassen, wobei die Backofentür angelehnt sein muß.

Roggenzwieback
(ca. 50 Stück)

Dies ist ein schöner, mürber Zwieback mit feinem Roggengeschmack. Eventuell kann man von den frisch gebackenen Brötchen einige beiseite tun und als Frühstücksbrötchen nehmen.

150 g Margarine oder Schmalz
½ l Milch
75 g Hefe
2 TL Anis
2 TL Fenchel
2 TL Salz
½ Tasse Sirup
ca. 500 g besonders grobes Weizenmehl
ca. 300 g Weizenmehl

Das Fett zerlassen und die Milch zugießen und erwärmen. Über die zerkrümelte Hefe etwas von der Flüssigkeit schütten und umrühren, bis sich die Hefe aufgelöst hat. Die Gewürze zerreiben. Die restliche Flüssigkeit sowie Salz, zerriebene Gewürze, Sirup, das grobe Roggenmehl und gut die Hälfte des Weizenmehls zugeben. Den Teig ca. 1 Stunde in der Schüssel gehen lassen. Das restliche Mehl einkneten, zuerst in der Schüssel, dann auf dem Backbrett. Den Teig zu großen, ovalen Brötchen formen. Auf Bleche legen. Zur doppelten Größe gehen lassen.
Bei 225° ca. 10 Minuten backen. Abkühlen lassen. Mit einer Gabel teilen. Dann bei 175 bis 200° so lange backen, bis die Kante Farbe bekommen hat. Dann den Ofen auf 75 bis 100° herunterschalten und die Zwiebäcke ca. 2 Stunden trocknen lassen, die Backofentür dabei nur angelehnt lassen.

Was habe ich falsch gemacht, wenn . . .

. . . das Brot nicht gut geht
Schlechtes Aufgehen des Brotes kann mehrere Ursachen haben. Die Hefe kann schlecht gewesen sein. Wenn sie ausgetrocknet ist, sollte man etwas mehr nehmen. Die Flüssigkeit kann zu kalt oder zu warm gewesen sein. Wenn das Brot beim Gehen an einem zu warmen Ort steht, können die Hefepilze absterben, und die Gärung wird deshalb unterbrochen.

. . . das Brot nach dem Gehen einsinkt
Wahrscheinlich ist das Brot zu lange gegangen. Wenn es etwa zu seiner doppelten Größe aufgegangen ist, ist es fertig. Bei den Rezepten sind die ungefähren Zeiten angegeben.

. . . das Brot einen Garkranz hat
Vielleicht war die Temperatur im Backofen nicht richtig. Sowohl zu hohe wie zu niedrige Hitze kann beim Backen einen Teigrand verursachen. Wird das Brot zu früh aus dem Ofen genommen, wird es teigig. Deshalb muß man immer sorgfältig kontrollieren, ob das Brot fertig gebacken ist. Die Kanten sollen fest sein, und es soll dumpf und hohl klingen, wenn man leicht auf die Unterseite klopft.

. . . das Brot schwer und kompakt wird
Ein Grund kann sein, daß der Teig zu wenig geknetet und deshalb nicht zäh und elastisch wurde. Dieses ist aber notwendig, damit die kleinen Bläschen, die bei der Gärung entstehen, gebunden werden. Schwer wird das Brot auch, wenn es auf dem Blech zu kurz gegangen ist oder wenn man dem Teig zu viel Fett zugesetzt hat.

. . . das Brot großporig wird
Der Teig kann zu schlecht geknetet worden sein. Man sollte ⅔ des Mehles auf einmal in die Teigschüssel geben und dann das restliche Mehl nach und nach einarbeiten. Der Teig ist fertig, wenn er glänzend ist und sich von der Schüssel löst. Großporiges Brot kann auch darauf zurückzuführen sein, daß der Teig zu stark oder zu warm gegangen ist. Ein langsames Gehen bei Zimmertemperatur gibt eine gleichmäßige und schonende Gärung. Benutzt man ein Warmhaltefach, um die Gärung zu beschleunigen, sollte man auf die Temperatur achten.

. . . das Brot zu fest wird
Es kann zu viel Mehl in den Teig eingeknetet worden sein. Allerdings soll ein Roggenbrotteig fester als ein Weizenteig sein. Ein Brot kann aber auch zu fest werden, wenn es vor dem Backen zu kurz gegangen ist. Ein gut gegangenes Brot soll ungefähr zu seiner doppelten Größe aufgegangen sein. Außerdem kann es fest werden, weil die Hefepilze in zu warmer Flüssigkeit abgestorben sind.
Ein grobes Brot muß langsamer und an einem kühleren Ort gehen als ein helles. Der Teig muß fester, die Backofentemperatur niedriger und die Backzeit länger sein, je gröber das Brot ist. Wird das Brot in einer Kastenform gebacken, behält es seine Form besser.

Rezeptregister

Amerikanische kleine Teilchen 45
Ankerstockbrot 115
Åsas Fladenbrot 148

Backpulverbrot, Gebrühtes 137
Backpulverbrötchen, Janes 137
Baguettes 53
Beutelscheiben 98
Birgittas Feigenbrot 90
Björns Korianderbrötchen 77
Blidö-Laibe 100
Brennessellaibe 90
Brezeln 94
Böden, Dala- 95
Brioches 50
Brot
- Ankerstock- 115
- Åsas Fladen- 148
- Birgittas Feigen- 90
- Gebrühtes Backpulver- 137
- Cranks Grobes Kasten- 92
- Dänisches Graham- 82
- Dänisches Roggen- 91
- Dänisches Sauer- 123
- Deutsches Kümmel- 119
- Feines Brühteig- 132
- Feines Knäcke- 145
- Fladen- 150
- Französisches Walnuß- 105
- Gotlands- 130
- Graham-, mit Kartoffeln 82
- Grobes Kasten- 138
- Grobes Knäcke- 146
- Großmutters Feiertags- 100
- Gudruns weiches Fladen- 60
- Gundas 128
- Hamburger- 49
- Herdfladen- 151
- Hofbäckers Fest- 123
- Irländisches Graham- 83
- Italienisches 65
- Janes Backpulver- 137
- Karlsbader- 49
- Kleine Pfannen- 105
- Kökars Hefe- 95
- Land- 96
- Lysäters- 118
- Mutters Vollkorn- 72
- Nobis- 68
- Norwegisches Haferflocken- 110
- Nyttings- 79
- Österreichisches, mit Kartoffeln 132
- Pfannen- 120
- Restaurant- 52
- Rosinen- 138
- Röst- 71
- Sabina- 89
- Sauerteig- 101
- Schonisches Schwarz- 127
- Segler- 101
- Stangenweiß- 57
  - mit Mohn 53
  - mit Weizenflocken 57
- Stipp- 102
- Süßes 101
- Weiß- 65
- Weißes Kasten- 64
- Weißes Land- 66
- Weizen- 60
- Würz- 104
- Zopf- 62

Brötchen
- Björns Koriander- 77
- Cranks Graham- 74
- Einfache 46
- Gersten- 112
  - mit Käse 75
  - mit Sojamehl 74
- Großvaters mit Thymian 93
- Gunnels Gesundheits- 76
- Hafer- 107
- Hamburger- 49
- Imbiß- mit Hüttenkäse 48
- Leinsamen- 80
- Norwegische Grob- 75
- Party- mit Gewürzen 47
  - mit Graham 78
- Roggen- 88
- Rustikale Weizen- 47
- Tee- von Frövi 108
- Weihnachts- 88
- Weiß- 46

Brottörtchen 134
Brühteigbrot, Feines 132
Buchweizenlaibe 72
Buchweizenscones 136
Butterhörnchen, gesalzene 52

Cranks Grahambrötchen 74
Cranks Grobes Kastenbrot 92

Dalaböden 95
Dalarölaibe, Dunkle 91
Dänisches Grahambrot 82
Dänisches Roggenbrot 91
Dänisches Sauerbrot 123
Deutsches Kümmelbrot 119

Einfache Brötchen 46
Estnische Laibe 115
Feiertagsbrot, Großmutters 100
Feigenbrot, Birgittas 90
Feine Roggenlaibe 97
Feines Brühteigbrot 132
Feines Knäckebrot 145
Festbrote, Hofbäckers 123
Finnische Roggenkringel 119
Fladen
- Gerstenmehl (Riekor) 112
- Glut- 58
- Schären- 61

Fladenbrot 150
- Åsas 148
- Gudruns Weiches 60
- Herd- 151

Französische Hörnchen 54
Französisches Walnußbrot 105

Gebrühtes Backpulverbrot 137
Gerstenbrötchen 112
Gerstenlaibe 110
Gerstenmehlfladen 112
Gesalzene Butterhörnchen 52
Gesalzene Roggenlaibe 94
Gesundheitsbrötchen, Gunnels 76
Gewürzlaibe 67
Gewürzzopf in der Form 64
Glutfladen 58
Gotlandsbrot 130
Gotlandsknoten 104
Grahambrot
- Dänisches 82
- Irländisches 83

Grahambrötchen 73
- Cranks 74
- mit Käse 75
- mit Sojamehl 74

Grahamkekse 141
Grahamküchlein 76
Grahamplätzchen, Grobe 77
Grahamzwieback 156
Grobe Roggenkringel 86
Grobes Kastenbrot 138
Grobes Knäckebrot 146
Grobbrötchen, Norwegische 75
Großmutters Feiertagsbrot 100
Großmutters Weizenknäcke 150
Großvaters Brötchen mit Thymian 93
Gudruns weiches Fladenbrot 60

Gundas Brot 128
Gunnels Gesundheitsbrötchen 76
Gute, haltbare Haferkekse 142

Haferbrötchen 107
Haferflockenbrot, Norwegisches 110
Haferkekse, Gute, haltbare 142
Haferkekse, Tantes 143
Haltbare Haferkekse 142
Hamburger-Brot 49
Hefebrot, Kökars 95
Herdfladenbrot 151
Hörnchen
  Gesalzene Butter- 52
  Französische 54
Hofbäckers Festbrot 123
Holländischer Zwieback 153

Imbißbrötchen mit Hüttenkäse 48
Irländisches Grahambrot 83
Italienisches Brot 65

Janes Backpulverbrot 137

Karlsbaderbrot 49
Kastenbrot
  Cranks Grobes 92
  Grobes 138
  Weißes 64
Kekse
Graham- 141
  Gute, haltbare 142
  Hafer- 142
  Roggen- 139
  Tantes Hafer- 143
  Weizen- 141
Kleine Pfannenbrote 105
Kleine Teile 43
  Amerikanische 45
Kloben 89
Knäcke, Großmutters Weizen- 150
  Roggen- 149
Knäckebrot, Feines 145
  Grobes 146
Kökars Hefebrot 95
Korianderbrötchen, Björns 77
Kringel
  Finnische Roggen- 119
  Grobe Roggen- 87
  Mölarps Roggen- 87
  Sunnerbo- 92
Küchlein, Graham- 76
Kümmelbrot, Deutsches 119
Kümmelkaros 71

Laibe
  Blidö- 100
  Brennessel- 90
  Buchweizen- 72
  Dunkle Dalarö- 91
  Estnische 115
  Feine Roggen- 97
  Gersten- 110
  Gesalzene Roggen- 94
  Gewürz- 67
  Graham- 79
  Lysekil- 66
  Oskars Roggen- 129
  Russische 122
  Schonen- 129
  Scones- 138
  Ungarische 67
Landbrot 96
  Weißes 66
Leinsamenbrötchen 80
Lunchbrötchen mit Käse 48
Lysätersbrot 118
Lysekil-Laibe 66

Mölarps Roggenkringel 87
Mutters Vollkornbrot 72

Nobisbrot 68
Norwegische Grobbrötchen 75
Norwegisches Haferflockenbrot 110
Nyttingsbrot 79

Österreichisches Brot 132
Orust-Scheiben 70
Oskars Roggenlaibe 123

Partybrötchen mit Gewürzen 47
  mit Graham 78
Pfannenbrot 120
Pfannenbrote, Kleine 105
Plätzchen, Grobe Graham- 77
Preiselbeerschnitten 96

Restaurantbrot 52
Rieskor 112
Röstbrot 71
Roggenbrot, Dänisches 91
Roggenbrötchen 88
Roggenkeks 139
Roggenknäcke 149
Roggenkringel
  Finnische 119
  Grobe 86
  Mölarps 87
Roggenlaibe
  Feine 97
  Gesalzene 94
  Oskars 129

Roggenteilchen 85
Roggenzwieback 156
Rosinenbrot 138
Rundlinge von Södermalm 97
Russische Laibe 122
Rustikale Weizenbrötchen 47

Sabinabrot 89
Sauerbrot, Dänisches 123
Sauerteig 114
Sauerteigbrot 116
Schärenfladen 61
Scheiben
  Beutel- 98
  Orust- 70
Schnitten, Preiselbeer- 96
Schonenlaibe 129
Schonisches Schwarzbrot 127
Scones 133
  Buchweizen- 136
Sconeslaibe 138
Scones mit Weizenkeimen 136
Seglerbrot 101
Sesamkaros 78
Stangenweißbrot 57
  mit Mohn 53
  mit Weizenflocken 57
Stippbrot 102
Sunnerbokringel 92
Süßes Brot 101

Tantes Haferkeks 143
Teebrötchen von Frövi 108
Törtchen, Brot- 134

Ungarische Laibe 67

Vitaminzwieback 154
Vollkornbrot, Mutters 72

Walnußbrot, Fränzösisches 105
Weihnachtsbrötchen 88
Weißbrot 65
Weißbrötchen 46
Weißes Kastenbrot 64
Weißes Landbrot 66
Weizenbrot 60
Weizenbrötchen, Rustikale 47
Weizenkaros mit Mohn 61
Weizenkeks 141
Weizenknäcke 150
Würzbrot 124

Zopfbrot 62
Zwieback
  Graham- 156
  Holländischer 153
  Roggen- 156
  Vitamin- 154